自治体法務の基礎と実践 改訂版

～法に明るい職員をめざして～

「自治体法務ネットワーク」代表

森 幸二 著

ぎょうせい

改訂版の発刊にあたって

　みなさんの中には法務が苦手だ、嫌いだ、という人も少なくないはずです。
　そこで、私がみなさんの「法務ぎらい」の原因を明らかにしてみたいと思います。

　みなさんは、条文の作成方法や裁判手続などの法的な知識を覚えることが法務を勉強することだと思っていないでしょうか。
　でも、それは、とても大きな勘違いです。知識を覚えても法に詳しくなるだけです。詳しいだけでは、法を理解することはできません。

　私たち自治体職員が目指すべきなのは法に明るい職員です。
　法に明るくなるためには、法的な知識よりも、「法的な考え方」や「法的な価値」を身につけなければならないのです。

　「法務って、そういうものじゃなかったんだ！」ということに気づいたとき、みなさんが持っている法務に対する苦手意識はなくなるはずです。
　この本で、まずは、そこから始めましょう。

　自治体法務の世界には、まだ、人材が揃っていません。
　それは、勘違いをしたまま自分は法務に向いていないと勝手に思い込んでいるあなたがそこにいないからです。

　住民のために、そして、あなた自身のために、法務を学ぶ輪の中に入ってきてください。

　令和6年1月

森　幸二

はじめにのはじめに

　この本は、みなさんが、「一から」法務を学ぶためのテキストです。

　この本がみなさんに用意した手順をお示しします。
　最初に、「法とは何か」を身につけましょう。
　次に、法の世界で使われる考え方や言葉や手続を理解しましょう。
　そのうえで、財産管理や債権管理などの自治体の実務で重要な項目について、法律の規定や実例を覚えていきましょう。

　みなさんは、この本の中で、大学の法学部に入学する（しなおす）のだと考えてください。法学部を卒業していないことで法律が苦手だと感じている人も、法学部を卒業したけれど、あまり勉強せずに後悔している人も、今からでも、遅くはありません。
　この大学は、単位もありませんし、テストもありません。もちろん、留年することもありませんし、卒論も不要です。分かるまで何度でも同じ話を聞くこともできます。

　そして、みなさんは、この本の中で、自治体職員として、改めて採用されるのだと考えてください。新規採用や若手のときに確認しておくべきだったと感じていることがあるのならば、それを今から取り戻しましょう。きっとできるはずです。

　みなさんは、この本で、今のしごとを住民のためによりよい形に変えていくための知識や方法を身につけることになります。
　難しい法制度も、法学部でしっかり勉強して、採用後も十分に努力をしたのですから、もう、怖くはありません。

　住民のために、一緒に「法に明るい職員」になりましょう。

　平成 29 年 1 月

　　　　　　　　　　　　　　　　　　　　　　　森　幸二

目　次

改訂版の発刊にあたって
はじめにのはじめに

第1部　入門編

第2部　基礎編

第3部　実践編

第4部　重要事項編

第 1 部

入門編

| 第1章 | ○○法や××条例を学ぶ前に（法的な考え方） |

はじめに

　自治体の法務研修は、個別の法律や条例の内容について実施されることが多いようです。

　そこでは、条文を一つひとつ読みながら国語的にその意味を解説していきます。しかし、法律や条例に共通する思考方法や価値観が身についていないと、本当の意味でそれぞれの法律や条例を使いこなすことはできません。

　まずは、○○法や××条例を学ぶ前に「法的な考え方」について勉強してみましょう。

Ⅰ　まずは、考え方を身につけよう！

１ 法的な考え方の必要性～礎石を据える～

　法律や条例（法）は社会のルールである。文字や単語で構成された単なる文章ではない。よって、法律や条例を使いこなす能力（法務能力）を獲得するためには、個別の○○法や××条例の内容を学ぶ前に以下について理解しなければならない。

①法に共通する考え方（法的な考え方）を身につけたうえで、
②法に共通する解釈の方法（法の解釈適用）
③法に共通して用いられる概念や言葉の意味（法令用語）

　特に①は、住民のために個別法の規定を使いこなしていくための「礎石」であり、自治体職員の心と頭の中にしっかりと据える必要がある。

２ 権利の義務の大切さと法

〔権利と義務〕

　権利とは、社会において、「実現が保障されていること」である。一方、義務とは、社会において「絶対にしなければならないこと」を指す。したがって、人にとって、どのような権利を持ち、どのような義務を負うのかということは、社会で生活していくうえで、最も重要な事柄である。

権利・・・社会において「実現が保障されていること」
義務・・・社会において「絶対にしなければならないこと」

権利や義務は当事者の意思（約束）によってのみ決定される

約束＝法・・・①契約（個人の約束）②法令（社会の約束）

平等な社会の実現

図1－1　法と平等な社会の実現

〔**権利と義務が発生するための条件**〕

　そこで、平等な社会においては、権利や義務は他人の意思ではなく、権利を持ち、義務を負うことになる者の意思（約束）によって発生するしくみが用意されていなければならない。

　つまり、以下のようなだれもが納得できる平等で明快な秩序が社会には必要なのである。

> ①　自分が約束したことは権利として実現してもらえる。
> 　……約束していないことは権利ではない。
> ②　自分が約束したことは義務として実現しなければならない。
> 　……約束していないことは義務ではない。

　他人によって、自分が約束していない義務を強制される社会は平等な社会ではない（つまりは、社会ではない）。自分の権利を主張し、他者に義務を求めるときには、「約束」の存在とその内容を明確に、相手に示さなければならない。

〔権利と義務を発生させる「約束」としての法〕

　実際に、この社会においては、次の二つの「約束」が用意されている。

---

　①　契約
　　　……一人ひとりの住民の意思による「個人の約束」
　②　憲法、法律、条例（法令）
　　　……住民の代表（議会）の意思による「社会の約束」

　契約や法令のように権利や義務を発生させることができる約束のことを、「法」と呼ぶ。法（契約又は法令）がなければ、権利や義務は発生しない。

　具体的には、①契約の締結②法令に基づく行政処分のどちらかによって権利や義務が発生する。権利義務の発生に必要となる当事者の意思が、①では直接に②では代表者（議会）を通して間接的に含まれている。

　実務においても、「法」という言葉がよく使われる。主に法律や条例を指す場合が多い。しかし、契約も法である。権利や義務の発生根拠であるからだ。

〔法と社会と権利・義務〕

　社会において、人は、法によって権利を獲得し、義務を負う。

　「法のみによって権利や義務が発生する」という平等な秩序が保たれていることによって、自分が社会においてどんな権利を持ち、義務を負うのかということが①直接的な自分の意思（自分が創った契約）②間接的な自分の意思（自分たちの代表が創った法令）の有無によって常に明確にされているのである。

　それは、人が人として尊重される社会を実現し、維持するために整えられるべき前提条件である。人は、法によって利益（したいこと、欲しいもの）を権利に変え、又は、義務を負うことで、予測可能な平等で安定した生活を実現しているのである。

　住民からの「法律（ここでは条例も含んでいる）の根拠を示せ」という問いかけは、「私が契約をした覚えのない、この義務を負わなければならない約束事が、どこにあるのか？」という意味を持つのである。

❸「法的」とは？

　「法的（である）」とは、自治体においては、「ある判断や行為がその根拠である○○法（条例）の条文に違反していない」というニュアンスで使われる場

合が多い。「適法である」という言い方もされる。反対に「法的ではない」とは法令の条文が示す要件や効果に合致していないことを指す。「違法である」という言葉に置き換えられることもある。

しかし、「法的（であるかどうか）」という条件が持つ意味は、このように法令の条文と一致しているかどうかということだけにとどまらない。法律や条例（法令）は、住民の権利や義務を発生させることができる社会の約束である。

よって、自治体の行為や判断が、法令に違反していないということは、その自治体において、住民の権利（できること）や義務（しなければならないこと）がしっかりと守られていることを表している。「法的（である）」とは、「住民一人ひとりの権利や義務が正しく実現されている（されようとしている）」という状態を指しているのである。

反対に、「法的でない行為」、つまり、法令に違反した行為を自治体が行えば、住民が自治体によって法令の根拠がなく一方的に権利を奪われ、義務を課されてしまう状態になる。それは、自治体がその住民を人として扱っていないことをも意味する。契約や法令（約束）がない場合には、権利や義務は発生しないという平等な社会の秩序が破られているからである。

	形式的な意味	実質的な意味	最終的な意味
法的である（適法である）	条文の要件に当てはまっている。条文の効果の範囲に収まっている。	住民の権利が守られている。住民の義務が果たされている。	一人ひとりの住民が人として尊重されている。
法的ではない（違法である）	条文の要件に当てはまっていない。条文の効果の範囲に収まっていない。	住民の権利が守られていない。住民の義務が果たされていない。	住民が人として尊重されていない。

図1－2　「法的」の意味

　最終的に「法的（である）」とは、「一人ひとりの住民が人として尊重されている」状態を指すのである。

❹「法務」とは？「法的な考え方」とは？

　法務とは、法的なしごとの仕方、つまり、住民一人ひとりを大切にするしごとの進め方である。単に形式的に法令の条文を守る、条文に従うということではなく、「法によってのみ権利や義務が決められる」という社会のしくみを維持し、人が人として尊重される社会を守る自治体の営みである。

　自治体行政において法務を実現していくためには、「住民一人ひとりを大切にする」という考え方をすべての職員・議員が理解し、自治体の中で共有することが大切である。

　法的な考え方を持つことは、あらゆる法令を理解し正しく解釈・適用するために欠くことのできない資格であり、職員・議員が法的な考え方を身につけているかどうかは、その自治体の実務のあり方、例えば行政処分における判断や議案の審議などに端的に反映される。

　法務は、自治体におけるあらゆる政策や事業において実現されなければならない。最近では、法務の代わりに、あるいは、少し別の意味で「政策法務」という言葉が使われることがある。「行政が目指す特定の政策の存在を前提とし

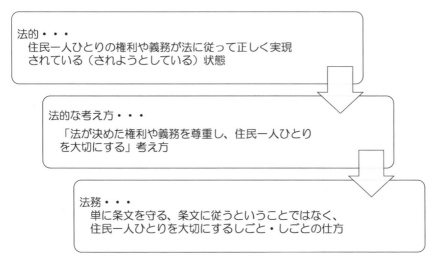

図1−3　法的とは？法的な考え方とは？法務とは？

て、法令を政策の実現に奉仕するように取り扱うべきだ」という間違った考え方もそこには含まれている。

　法務であっても、また、政策法務であっても、執行機関や職員が正しいと考える政策の実現を社会の約束である法令の目的や趣旨に優先させるようなことがあってはならない。法務（政策法務）とは、あくまで、自治体の政策の中に住民が約束した覚えのないこと、つまり、義務や権利でないものが勝手に差し込まれていないかを確かめ、政策の側を正していく作用である。法務によって正されていない政策が社会に奉仕できるはずもない。その実現において法務を必要としない政策など存在し得ないのである。

　「法務」とは、自治体におけるあらゆる事務事業の基礎なのである。

5　条例を議会が議決する意味

　条例は単に自治体の規程（ルール）ではない。契約（当事者の意思）もなく、住民の権利や義務（特に義務）を決定できる自治体で唯一の法である。

　法を制定できることこそが、議会が住民の代表であることや長に対する優位性の徴表である。その条例制定権を住民のためにどのように生かしていくかが、議会における最大の課題である。

Ⅱ　理解を深め、思い込みを解消しよう！

1　実質的な法と形式的な法

　法律や条例が、住民の権利や義務の発生にかかわっているということは、言い換えれば、権利や義務がその内容となっていないものは、法律や条例としての形式を持っていても、実質的な意味での法律や条例ではないと評価することもできる。

　法律や条例は、住民の権利や義務を平等に実現するための手段として、存在する。口伝や絵や図表よりも一定のつづり方に従った文章（条文）で表したほうが、ルールとして機能しやすいため、権利や義務の実現方法として条文という形が採られているのである。

	正しい理解	誤った理解
「法」の意味	権利と義務を実現するしくみ	条文のこと

図1－4　「法」についての理解

　よって、法務とは、条文の作成方法や読み方のことを指すのではないし、法務研修とはいわゆる法制執務研修とイコールではない。法とは、条文のことではない。法務や法を学ぶことを条文の操作を覚えることであると誤解しないでいただきたい。

２　法的な考え方の必要性

　法律、政令、省令、条例、規則（以下「法令」）には、それがどのような形式であっても、また、どのような内容であっても、共通する基礎的な事項や考え方（法的な考え方）がある。城に例えれば、石垣の部分に相当する。

　自治体職員として、職務で担当する法令を理解し、住民のために使いこなすには、その石垣（基礎）をしっかりと築くことが大切である。やや困難な努力と時間を要する作業ではあるが、一度、固めておけば、かかわる法律や条例が変わってもきちんと対応できることになる。

　「法律が苦手だ」という意識の中には、二通りの理由があると思われる。

---

　①　堅苦しい条文（の印象）が苦手。
　②　法的な考え方に自分の思考方法や価値観が合わない。

---

　①の理由で法律ぎらいになってはいないだろうか。条文は、法の表現形態であり、法の本体は「法的な考え方」にある。法制執務が法務なのではない。

　法的な考え方が自分に合わないかどうか、つまり、自分が本当の法律ぎらい（②の理由で嫌い）なのかどうか、再確認していただきたい。

おわりに〜復習とさらなる理解のために〜

１　法律問題の解き方

〔法律問題の内容〜権利と義務〜〕

　人にとって、権利や義務は、生活していくうえで最も重要なものです。権利や義務は人そのもの、あるいは、人は権利と義務のかたまりであると考えてもよいと思います。自治体や会社が法人である、つまり、人間ではないが法的には人であるとされているのもその意味です。

　その「権利」と「義務」をめぐる問題を、「法律問題」と呼びます。「法律問題」とは、「○○法××条に関する問題」という意味（だけ）ではありません。

〔法律問題の実際：問題1〕

　では、いくつかの法律問題、つまりは、人の権利と義務の問題を解いてみましょう。権利や義務を発生させる、「契約」と「行政処分」がポイントになります。どれも、基本的な考え方は同じです。

問題1：許可を受けていない売買契約の効力

　Aさんが、牛丼屋（X屋）で食事をしていました。しかし、店内のどこにも、食品衛生法に基づく営業許可証が貼っていません。それを店主に指摘したところ、「許可は受けていません。でも、味には自信があります！」という、安心できないような、できるような微妙な答えが返ってきました。

　さて、Aさんは、注文した牛丼の代金を支払う義務があるでしょうか。

　　①支払わなければならない。②支払う必要はない。

---

① 法律関係の整理①〜人の把握〜

　法律問題に取り組むときは、まず、法律関係（権利と義務の関係）を整理しなければなりません。法律関係の当事者は権利義務の主体である「人」です。ですから、まずは、その法律問題（物語）に関係する人（登場人物）を把握することから始めます。

> 〔登場人物〕……「Aさん」、「店主」、「県（県知事）」

　なお、X屋が法人であれば、X屋自体が登場人物となりますが、個人経営の場合は店主が法律問題の当事者になります。X屋は屋号（看板）に過ぎず、法的な意味を持ちません。

② 法律関係の整理②〜人の結び付け〜

　次に、登場人物を、法律関係でつないでいきます。権利や義務が発生するのは、「契約」と「行政処分」がある場合ですから、登場人物を契約や行政処分という糸で結び付けていくのです。契約を「⇔」、行政処分を「⇒」と表します。

> ・　牛丼の売買契約：Aさん⇔店主

> ・　食品衛生法による許可：県（県知事）⇒店主
> これをまとめると、「県（県知事）⇒店主⇔Ａさん」となります。

　店主を間に挟んで、営業許可権限を持っている県とＡさんがつながっています。この整理なら、営業自体が食品衛生法違反なのですから、その違法な営業によって作られた牛丼の売買契約の成立自体にも瑕疵がある、つまりは、代金を支払わなくてもよいことになりそうです。

③　法律問題の整理における「別人ルール」

　しかし、この整理は間違っています。登場人物が一人足りないのです。それは、「店主」です。店主はすでに登場していますが、上の整理では、許可における店主と牛丼の売買契約における店主を同一人物（実際には、確かに同じ人なのですが）であると理解しています。そうではなく、法律問題を考えるにあたっては、法律関係（契約又は行政処分）ごとに別々に整理しなければなりません。いわば、「法律問題の整理における別人ルール」です。

　「約束に基づかなければならない」が、権利義務を発生させるための原則ですから、各契約又は各行政処分ごとに、固有の約束（意思）とその約束を結ぶ人が必要なのです。それぞれの約束は完全に独立していなければなりません。

　ですから、この法律問題の整理において、店主は二人必要なのです。一つひとつの契約や行政処分ごとに、別々の「法的な物語」が展開されるのだと考えなければなりません。

　よって、正しい整理は以下のようになります。

> 「県（県知事）⇒店主」、「店主⇔Ａさん」

　県から許可を受けるべき店主と、Ａさんと牛丼の売買契約を締結した店主とは法的には「別人」であることになります。前者の店主の行為は、後者の店主の行為に影響は与えません。許可のないことは、牛丼の代金の支払い義務の発生自体には関係がないのです。

　よって、**問題 1**の回答は、「①支払わなければならない」となります。

④　「許可」という行政処分の意味

　店主がその営業を行うにあたって必要であったはずの「許可」とは、その行

為、ここでは「牛丼屋の営業」を適法に行うために受けなければならない行政
処分です。本来、飲食店の営業は自由ですが、一方で、不衛生な業態による食
中毒を防止しなければなりません。

　そこで、飲食店の営業をいったんは禁止し、必要な資格を設けたうえで、そ
の資格を満たすことを条件としてその禁止を解除しているのです。これが、許
可という法的なシステムです。「禁止」という権利の制限を含んでいますから、
法律（議会で決定した規程）でなければ許可制度を設けることはできません。

　仮に、一つの自治体で適用される許可制度を創る場合は、条例によることと
なります（地方自治法（以下「自治法」）14条2項）。

　しかし、実際には、「○○業」についての許可制度を条例で設ける、つまり、
その区域だけ経済活動に特別の規制をかけることの正当性は、ほぼ皆無である
と考えられます。

　許可が必要な行為を、許可を受けずに行った場合、その行為は違法ですが、
行為自体の効力が否定される（無効になる）わけではありません。店主が県か
ら得る許可には、Aさんと店主との牛丼の売買契約の有効・無効を左右する力
はないのです。

　店主は、あなたから牛丼代を適法（ここでいう「法」は契約を指します）に
受け取る代わりに、許可の根拠である食品衛生法の規定に基づいて、利益を超

・法律問題（物語）の当事者（登場人物）を確定する。
・契約と行政処分（法律関係）ごとに結び付ける。

同一人（人間・法人）であっても、法律関係ごとに別人！

法律関係で直接つながっていない者の間に権利や義務は発生しない！

図1-5　法律問題の解決方法（法律関係の整理）

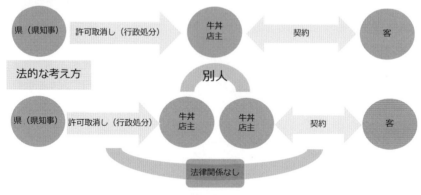

図1－6　法律問題における「別人ルール」

える罰金（これも行政処分です）を受ける可能性があります。

〔法律問題の実際：問題2〕

問題2：自治体による事業実施と許可の必要性

　あるイベントで、X県の観光課が地元グルメを販売する屋台を出店することになりました。さて、X県は、食品衛生法に基づいてX県（知事）の許可を受けなければならないでしょうか。

①許可の事務を行っているX県の事業だから許可は必要ない。

②許可の事務を行っているX県と事業を行うX県とは法的な立場が別。許可は必要。

　法（法律や条例）は、だれに対しても平等に適用されなければなりません。そして、法は、だれかが機能させる役割を持たなければ、つまり、法を解釈適用しなければ、その内容を社会で実現させることはできません。食品衛生法においては、X県（知事）が平等に許可を行う役割を担っているのです。

　ですから、X県（知事）が事業を行う際には、自分の事業についても他の団体や個人が行う事業と同じように、許可できるかどうかを判断しなければなりません。もちろん、その許可を行うにあたっては、固有の価値や基準が必要で

す。イベントでの出店の必要性を考慮した判断をすることはできません。

　許可権限を持っているX県（知事）と屋台を出店するX県とは法的には「別人」なのです。

　よって、**問題2**の回答は、「②許可の事務を行っているX県と事業を行うX県とは法的な立場が別。許可は必要」となります。

〔法律問題の実際：問題3〕

> **問題3：自治体による事業実施と手数料の必要性**
> 　屋台の営業許可を申請する際には、手数料（許可の申請を処理する手間賃）が必要です。問題2の許可申請に際して、X県も手数料の支払いが必要でしょうか。
> 　①手数料の支払いは必要ない。
> 　②許可の事務を行っているX県と事業を行うX県とは法的な立場が別。手数料は必要。

　問題2で検討したように、食品衛生法上の許可権限を持っているX県と屋台を出店するX県は別の存在です。よって、X県が事業を行う際にも、他の事業者と同じように許可を要求することには、意味があります。X県の屋台だけを規制しないことは、平等ではありませんし、許可を受けていないX県の屋台の営業によって、食品衛生法の目的が達成されなくなってしまうからです。許可を出すのはX県（知事）ですが許可の効果は社会全体に帰属するのです。

　一方、手数料の場合、許可の申請に際して支払われる手数料は、X県のものになります。許可の効果のように社会のどこかに蓄積されるものではありません。手数料はX県が許可の事務を行うための原資です。平たく言えば、お金に色はつきません。

　ということは、X県が手数料を支払っても支払わなくても同じであるということになります。そもそも、「X県がX県に金銭を支払う」ということは、法的に観念できません。

　このような場合にも、実務上は、会計上の支出行為を行っています。しかし、それはX県という法人の内部において経理関係を明確にするための、お金の内部移動（同じ人が持っているある財布から別の財布に移しているだけ）です。法的な意味での支払い（人と人との金銭のやり取り）ではありません。

　よって、**問題３**の回答は、「①手数料の支払いは必要ない」（法的な意味での支払いは発生しない）となります。

〔法律問題の実際：問題４〕

> **問題４：自治体による事業実施と契約の射程**
> 　Ｙ市はＺ住宅団地を販売するにあたって、同団地を住環境整備のモデルにしたいと考えました。そこで、Ｙ市が指定したデザインの外構を使用することを、土地の売買契約締結の条件としました。
> 　ところが、Ｚ住宅団地を購入したＡさんから転売を受けたＢさんが、自分が選んだ外構を使って家を建て始めました。さて、Ｙ市はＢさんに契約違反を主張することができるでしょうか。
> 　①Ｂさんに契約違反を主張できる。②できない。

　Ｙ市とＡさんは、市有地の売買契約という法律関係で結ばれています。一方のＢさんは、その売買契約の当事者ではありません。「特定の外構を使うこと」は、Ｙ市とＡさんとの契約（法的な約束）であり、Ｂさんには関係ないのです。「約束していないことは義務ではない」ということは、社会の大原則です。この大原則が守られるように、法律問題は解決が図られなければなりません。

　ですから、Ｙ市がＢさんに対して、Ｙ市とＡさんの間の契約の内容を主張することは、基本的にはできません。もちろん、建築基準法に基づく建築確認の処分を「外構」を理由として行わないことはできませんし、水道の給水などの行政サービスを拒否することも違法です。

　よって、**問題４**の回答は「②できない」となります。

〔まとめ～行政目的の実現と住民の権利の確保～〕

　自治体においては、まちづくりにおける全体的な観点から、ランドスケープ的に政策が立案されることも少なくないようです。しかし、法律関係（契約や行政処分）によって発生が約束されている一人ひとりの住民の権利の実現を妨げて、あるいは、発生が約束されていない義務を強制してまで、行政目的を達成すべき理由はありません。

　問題４では、Ｂさんが選んだ外構によって、Ｙ市のモデル団地計画は台無しになるかもしれません。しかし、法によってその実現が約束されたわけではな

い団地の景観よりも、契約という法によって約束されたBさんの権利のほうが優先されます。Bさんの行為はエゴではありません。当然の権利の行使です。

そもそも、Y市は、Bさんのような行動も予測されていたはずです（予測できなければなりません）。にもかかわらず、Bさんの行為を止めようとする動機自体が、「違法（法的ではない）」なのです。契約（個人の約束）によっては、実現できないZ住宅団地の景観を確保しようとするならば、法律や条例（社会の約束）を創らなければなりません。

仮にそれが法的にできない（法律に違反する。条例案が議会で可決されない）のなら、外構を統一するという類型の事業は、少なくとも現在のY市においては不必要であるか、一定の必要性はあるが、デメリットのほうが大きいという判断がされているということになります。住民の権利や義務にかかわる事業は、行政が一方的に実施することはできないのです。

法律や条例を守り、それに従ってしごとをするということは、形式や手続きではなく、住民の権利と義務を実現するという実質的な意義を持っているのです。

❷ 「法律行為」と「事実行為」

法的な考え方の一つに「法律行為」と「事実行為」があります。

〔「自治体」とは〕

自治体には、さまざまなしごと（事務）があります。ここではまず、「自治体」という用語について確認しておきます。

「自治体」は、実務でよく使う言葉ではありますが、地方自治の基本ルールである自治法には、「自治体」という用語や定義は出てきません。自治法において、住民のために存在する法人は、自治体ではなく、以下の二つの団体に分けられています（自治法1条の3）。

①普通地方公共団体—市町村、都道府県
②特別地方公共団体—東京都の特別区、一部事務組合、広域連合など

みなさんは、おそらく大切な人や好意を寄せている人から、「あなたは『普通』ね」と言われるよりも、「あなたは、（私にとって）『特別』よ！」と言われるほうを望むと思います。

しかし、法律の世界では、「特別」とは、「マイナーで、例外的で、対象範囲が狭い」という意味になります。「普通」とは「メジャーで、原則的で、広い範囲をカバーしている」ことを指します。私たちのプライベートとは違って、「特

別」よりも「普通」のほうがより肯定的な意味合いを持つのです。

　「自治体」は普通地方公共団体とほぼ一致する言葉として使われていますが、少し異なります。東京都の特別区は、自治法のうえでは「特別地方公共団体」に分類されています。

　しかし、一部事務組合や広域連合のように、特定の限られた事務（例：消防、水道）だけを行うのではなく、普通地方公共団体である市町村のように、住民に対して全般的に事務を担っています。特別地方公共団体ではなく、普通地方公共団体として扱わなければならない場面のほうが多くなります。住民にとって「特別」ではなく、「普通」の存在なのです。

　そこで、普通地方公共団体に東京都の特別区を加えたものとして、「自治体」という地方自治の業界用語が、実務上、用いられています。

　しかし、市町村も都道府県も普通地方公共団体であり、自治体でもあるわけですから、「普通地方公共団体」よりも「自治体」のほうが、文字列が短く使いやすいので定着したというのが本当のところだと思います。私もその理由で「自治体」と記述します。

　注意が必要なのは、公文書においては、正式な用語ではなく確定的な意味を持たない「自治体」は使うべきではない場合もあると考えられることです。ほかにも、「政令市」という言葉がよく使われますが、法制度上は、「指定都市」です（自治法252条の19）。

　これとは別に、「自治」の部分に、法制度における固有の意味を超えた、肯定的なニュアンスを感じ取って、（傍から見るとポエジーに、ご本人は信念や理想から）自治体あるいは地方自治体という言葉が使われることも少なくないようです。

〔自治体のしごとの法的な分け方〕

　自治体（普通地方公共団体＋特別区）のしごとを、ある観点から二つに分けてみました。

A：生活保護の決定、財産の使用許可、住民票の交付、税の賦課
B：総合計画の策定、特産品のPR、イメージアップ事業、イベントの
　　実施

　両者を比べるとB群のしごとのほうが目立つというか、創造的なしごとであ

るようにも思えます。また、相対的に多数の自治体職員は、A群のしごとよりもB群のしごとのほうを望む傾向にあるのかもしれません。

　しかし、A群のしごとを自治体が実施するには、必ず法（法律や条例）の根拠が必要となります。B群のしごとには、そのようなきまりはありません。B群のしごとは、基本的には、長や教育委員会などの執行機関の判断だけで実施できます。要綱によっても、根拠がなくてもかまいません。

　B群のしごとに関して、法律や条例が置かれている場合もありますが、それは義務的・必要的に置かれているわけではなく、政策的・政治的な理由からあえて法令でその内容を謳っているものです。法的な意味での「根拠（住民の権利や義務を発生させる根源）」ではありません。

〔法律行為と事実行為〕

　A群のしごとに法の根拠が必要とされている理由は、A群のしごとは、住民の権利や義務の発生、変動、消滅にかかわっているからです。「権利」、「義務」とは社会において、実現することが保障されているものです。

　税を賦課すれば（物理的に言えば、納税通知書が届いたら）対象となる住民に税を納付する義務が発生します。行政財産や公の施設の使用許可を得れば、その場所のその期間については他の住民の利用を排除して独占的に使用できる権利が、住民に発生します。

　そして、住民の権利や義務に直接かかわっている、つまり、法の根拠が用意されているA群のしごとのことを「法律行為」と呼びます。一方で、住民の権利や義務に直接関係のない、法の根拠が必要のないB群のしごとのことを「事実行為」と呼びます。自治体の事務は、政策的には福祉、観光振興、環境、建設などの分野に分けられます。また、総務、法務、財務などのスタッフ部門も存在します。その分類とは別に法的に分類される場合があります。それが、「法律行為か事実行為か」です。

〔法的な価値観〕

　行政分野を問わず、法律行為に法律や条例（法）の根拠が必要とされているということは、事実行為である総合計画の内容をどうするかよりも、法律行為である一つひとつの税の賦課や許可を出すことの判断のほうが大切だという価値観が法に内在していることを意味しています。

　法においては、住民一人ひとりが持っている権利や負っている義務が何より

も大切なのです。法的に見れば、権利や義務、つまり「社会的な絶対」は、住民（人）そのものであり、人は権利と義務のかたまりです。権利義務を持つことができるものを法的には「人」と呼びます（「法人」の制度）。

　法は、権利や義務という概念を通して、「人」を大切にする社会を実現しようとしているのです。

　ですから、法を勉強することで、法が持っているこの「人を大切にする」という価値観を手に入れることができます。また、法に従って、一人ひとりの住民の権利や義務を実現させる努力をしていく中で、法の根拠を持つA群のしごとが決して定型的な業務や単なるルーティンワークではないことが理解できるようになります。

〔自治体の事務の法的な意味〕

　法律行為と事実行為とを表にしてみました。

　法律行為には「〇」を、事実行為には「×」をつけています。少し、変な表現を採っているように見えるかもしれません。該当する欄を埋めるのであれば、どちらも「〇」をつけるのが普通ですから。

　あえて、このようにしたのは、この表を法的なものにするためです。一般的には「〇」は肯定的な意味を、「×」は否定的な意味を持ちます。この表は、法的な根拠が必要なしごとに〇を、法的な根拠が必要ないしごとに×をつけています。自治体の事務（しごと）を法的な観点から評価すれば、このような「〇×表」になるのです。

　例えば、「×」の事実行為については、そのあり方をめぐって、住民の側に不満があっても、原則的には裁判で争うことはできません。裁判所は「却下」、つまり「この問題は、あなた個人の権利や義務にかかわる問題ではない。だから、あなたに自治体を訴える権利はない」と判断することになります。

　自分の判断基準や自治体内部での政策的な評価はさておき、「法的にはこうなるのだ」という法的な価値観を心にとめて、法律や条例の条文にあたってみると、その規定が設けられた意味が理解できたり、今までの解釈が変わってきたりする場合も少なくないと思います。

　＊法的な価値観（判断基準）
　・「権利と義務に関係するかどうか」で考える。
　・「権利義務に関係しないもの」は、政策的に重要であっても、とりあ

えず、考察の外に置く。他の見識に譲る。

	法律行為	事実行為
生活保護の決定	○	
財産の使用許可	○	
住民票の交付	○	
税の賦課・徴収	○	
総合計画の策定		×
特産品のPR		×
イメージアップ事業		×
イベントの実施		×

図1-7　法律行為と事実行為の例

〔**法的な価値観と自治体職員の思考方法**〕

　法的な考え方や価値観は、条文の理解に役立つだけではなく、自治体職員としてのしごとの役に立ちます。

　「権利」、「義務」、「法人」、「自治体」、「権限」、「許可」、「契約」……法務の世界のキーワードの対象は、どれも実在はしません。いわば虚構です。

　その実在しないものをあえて観念して、みんなで法的に正しい社会のあり方とはどうあるべきかについてさまざまな課題を通して考えていくのが「法律ごっこ（法務）」です。

　政策的にどうであろうが、「法的にはこうなる」という見解を出すことができる能力を獲得して、しごとに活かしていこうというのが法を勉強する意義なのです。

第2章　法の解釈適用〜理論と実践〜

はじめに
//////////////

　法（法律や条例）の条文は冷凍食品のようなものです。そのまま袋から出しても（条文を単に読んでも）、食べる（適用する）ことはできません。自分が法の担い手であるという電源（心）が動かす電子レンジ（頭）で冷凍食品（条文）を適切に上手に解凍（解釈）しなければなりません。そして、温かくておいしい（正しい）料理（結論）にして住民に提供するのが自治体のしごとです。

　条文を単に「読む」ことと「解釈」することとは違う作業なのです。法を正しく解釈するためには、法の目的（何のためにその法が創られたのか）を理解することが大切です。

Ｉ　まずは、考え方を身につけよう！
//

１　法の適用における解釈の必要性

　自治体の役割は、住民の代表である議会が決定した「社会の約束」である法律や条例（法）の内容を正しく実行し、住民福祉（住民の幸せやよりよい暮らし）を実現することである。

　そこで、大きな課題となるのは、法の「解釈」である。法律や条例（法）は、その条文を国語的に「読む」だけでは正しく適用できない。

　法は、住民の代表である議会による執行機関や職員への指示であり、信託である。その指示・信託は、条文中の具体的・限定的な規定を用意しているだけではなく、執行する者に解釈の幅や判断の余地を与えているからである。

２　条文に解釈の幅や判断の余地が存在する理由

　法の条文には、「だれが、どのように読んでもこうなる」という論理としての完結性（法的安定性）を備えていることが望ましい。しかし、法が法的安定性を完全に備えることにはいくつかの制約がある。

〔法の条文における制約〕

> ・　起こりうるすべての場合や存在し得るすべての対象を完全に把握して、法の要件を定めることは困難である。
> ・　制定時には予想できなかった事態が起こる場合もある。
> ・　時代や地域によって社会のあるべき形が異なる場合もある。
> ・　文字や文章による表現には限界があり、必要な要件を完全に条文（言葉）で表すことはできない。

　法の目的は、何よりも、適用されるそれぞれの対象や場面において正しい結果（平等）を導くこと（正義の実現）である。法的安定性を確保するためにこれらの制約を無視してまで、法の条文を論理的に一義的に規定すれば、もはや、法は社会のルールとしては機能しない。条文を読めば結果を容易に予測できるが、その結果が社会に貢献しなくなる。そこで、法は、解釈の幅や判断の余地を残して創られているのである。

　法の条文は、そのままでは単なる文章（文字列）にすぎない。解釈によって、住民福祉（幸せ・暮らしやすさ・安全安心）を増進させるための道具である「法」になることができる。

　法の適用における解釈の必要性は以下のことを意味している。

> ①　法の条文は、数式のような絶対的な論理で構成されているものではない。
> ②　法務能力を身につけることは、条文を暗記することとは違う。
> ③　法的議論による結論は、論理性の優劣で決定してはならない。

Ⅱ　理解を深め、思い込みを解消しよう！

〔法における目的の存在〕

　法律や条例（法）は、達成すべき目的を持ったルールである。単なる文章や数式ではない。よって、「読む」のではなく、「解釈する」という作業が必要となる。法の解釈は、冷凍食品を解凍する作業に例えることができる。

> ・　条文……冷凍食品
> ・　自治体職員……電子レンジ
> ・　解釈の結果……解凍された料理

　冷凍食品はそのままでは食べられない。冷凍食品を上手に解凍して、住民においしく食べてもらうのが職員の役割である。ただし、ここでいう「おいしい」とは、個々の住民、それぞれの好みの味に仕上げるという意味ではない。正当な利益（＝権利）を主張する住民にとっておいしい、つまり、「正しい」という意味だ。法の解釈においてはその法が持っている目的が重要になる。

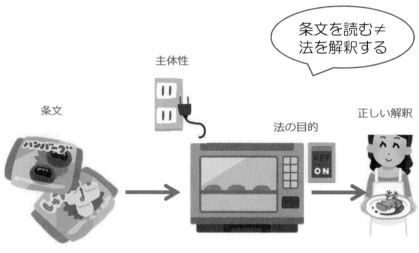

図2－1　法の解釈

○○小学校校則
第6条　廊下を走ってはいけません。

　この校則がある小学校で、理科室から出火した。少しでも早く、先生に知らせなければならない。Aさんが職員室に向かって廊下を疾走した場合、Aさんは校則6条に違反したことになるだろうか。
　当然、違反にはならないと考えられる。ここで大切なのは、「違反するが（例外的に）許される」のではなく、「そもそも違反にはならない」ということだ。

　これは、校則が校長のナルシシズムの達成のために自身の思い入れで作られたもの（いわゆる「ブラック」なもの）ではなく、安全で安心な学校生活を送ることを目的として、定められるべきものであることからくる当然の帰結である。

　「どのようなきまりにも、目的がある」というよりも、「目的があって（設定されて）、その達成手段として各規定が存在し得る」のである。

　よって、「きまりを守りましょう」という呼びかけは、きまりの文字列どおりに人や現実を機械的に動かそうとする意図によるものであってはならない。きまりの中にある具体的な条文を目的達成のための「手段」として用いながら、その目的を実現していきましょうという趣旨でなければならないのである。

　その意味を含めて、「条文は法を実現するための手がかりであって法そのものではない」と言われることがある。

おわりに〜復習とさらなる理解のために〜

■ 法の目的と解釈〜子ども連れで投票できるか？〜

　新規採用職員研修で、必ずお話しする「法の解釈適用について」をここでご紹介します。採用されたばかりの職員にも、一人の住民として一定の経験があり、かつ、これから自治体職員として、必ず体験する場面を設定します。

〔森講師の講義〕

① 出題

> 【講師】
> 　「ここが、投票所だとします。投票所に幼児を連れた女性と男女のカップルがやってきました。さて、彼らを入場させてよいでしょうか。」

　↳　研修生に選択肢を示して、全員に手を挙げてもらいます。グループ形式の研修の場合はグループごとに回答してもらいます。答えは四つ考えられます。

> ①　親子、カップルとも入場できる。
> ②　親子は入場できるが、カップルは入場できない。
> ③　親子は入場できないが、カップルは入場できる。
> ④　親子、カップルとも、入場できない。

ここで、いくつか前提条件を研修生と確認します。「ここでいう『投票所』とはどのような場所か分かりますか？この『投票所』のことだと誤解していないですか？」と尋ねて、競馬場の投票所の写真をスライドイン、フェードアウトさせて、選挙の投票所のイラストをフェードインします。会場の雰囲気や私の体調がすぐれて話しぶりが良いときは、笑いが起きます。そうでない場合は、壇上で立ち尽くすことになります。

母親とカップルの男性のほうは、この投票所で投票を行う権利を持っている人であり、カップルの女性のほうは、隣の市の住民で、この投票所の選挙人ではないという設定を置きます。

そのうえで、名簿を見ながら特定の研修生を指名して、「（ちなみに）あなたの自治体の『隣の市』とはどこですか？」と尋ねます。

すると、当てられた研修生はちょっと考え込みます。即答できないのは、自分の自治体の地理を把握していないのではなく、複数ある「隣の市」の中からどれを選んで回答しようか迷っているからでしょう。

そこで、「私が『隣の市はどこですか』と尋ねている意図が分かりますか。」と畳みかけます。研修生は首をかしげます。「数ある隣の市の中で、あなたやあなたの自治体の住民にとって、心から『お隣りさん』と言えるだけの親しみを感じている市のことです。」と言うと、研修生の半数が笑います。

研修生は、やや言いにくそうに「○○市です。」と答えます。私が、隣接しているにもかかわらず、指名された研修生が選ばなかった市について、「では（やはり）、××市とは仲が悪いのですね。」と締めくくります。ここは、必ず、みんな笑います。

私としては、職業人の質問や会話には、常に意図があるのだということも伝えるねらいがあります（それほど、おおげさな企てでもありませんが）。法文をロジックだけで判断してはいけない、というこの研修の主題についての軽い導入でもあります。

どの自治体の新規採用職員研修でも、ほとんどの職員が②の「親子○カップル×」に手を挙げ、何人かは、④の「親子、カップルとも、入場できない」を選びます。

② 意思決定の方法

> 【講師】
> 「多くのみなさんの意見が『②親子○カップル×』ですね。ここで、回答を出す前に、確認しておきたいことがあります。そもそも、仮に②が正解であっても、そうでなくても、今、自治体職員として絶対にやってはいけない、言い換えれば、このような意思決定の方法でしごと（ここでは選挙事務）をしていたら、いつか、必ず大きな間違いを犯してしまうという『しごとのやり方』をしているのですが、それが何か分かりますか？」

↳　この問いには、しばしば、研修生が自ら挙手をして、正解を出してくれます。

> 【講師】
> 「それは、『根拠となる法律や条例の内容を確認せずに、自分の考えや経験則だけで判断しようとしている』です。では、根拠を示します。今、みなさんが解決しようとしている課題の根拠とすべき法律は、これです。」
>
> 公職選挙法（一部略）
> （投票所に出入し得る者）
> 第５８条　選挙人、投票所の事務に従事する者、投票所を監視する職権を有する者又は当該警察官でなければ、投票所に入ることができない。
>
> 【講師】
> 「これが、この場面で適用される法律の根拠条文です（改正前の公職選挙法の規定です）。法令の根拠を探すときには、それぞれの条文の前につけられている『（　）』の『見出し』を手掛かりにしてください。
> 　この根拠から判断して、やはり、『②親子○カップル×』という結論になるかどうか、再度、考えてみてください。」

↳　法務研修を受けていない、法的な理解のない新規採用職員であっても、

条文を「読む」ことはできます。一つの文章として、この条文を読めば、「子ども」あるいは「選挙人が同伴する子ども」が入場できるという規定（文字列）はどこにもありません。

　よって、子ども連れでは投票できないという結論になります。

> 【講師】
> 　「カップルはもちろん、子ども連れでは、投票所に入ることはできませんね。やはり、根拠となる法令の条文を確認しなければなりません。危うく公職選挙法に違反して選挙事務を行うところでしたね。」

　↳　研修生の半ばが、納得したようにうなずきます。残りの研修生のうちのさらに半分が「おかしいな」と戸惑っています。どちらでもない、全体の25％くらいは、「ここからが本題だな」とニヤついています。

　納得して（しまって）いる新規採用職員は、「法律とは自分の経験や常識が及びもしない特殊で複雑なルールなのだ」という基本認識があるのでしょう。その点に法律の難しさがあるのだと。この誤解は自治体職員として早い段階で正していく必要があります。

　いったん、この誤解が染みついた職員は、容易には直りません。社会のルールとして、明らかにおかしな結論が出ても、それが条文の文理や文字列と一致していれば、疑問に感じなくなるからです。

③「条文を『読む』」「法を『解釈する』」の違い

> 【講師】
> 　「これから何十回も選挙の事務にあたることになると思いますが、あなたは、本当に子ども連れの住民が投票所に来たら追い返しますか？それでよいと考えますか？」

　↳　ここで、先に結論を示します。公職選挙法（以下「公職法」という）58条の正しい「解釈」は「子ども連れで投票できる」です。条文をそのまま読んだら、子ども連れでの入場はできないという結論になりますが、正しく解釈すると、できるという結論になります。つまり、条文を読むことと解釈することとは違います。法律や条例は読む対象ではなく解釈される対

象なのだということを説明します。

【講師】

　「具体的に、『条文を読む』ことと『法を解釈する』こととはどのように違うのでしょうか。法令の条文はその法令における目的の達成手段として把握しなければなりません。法の解釈とは、単に条文を読むのではなく、目的を理解して目的を踏まえて、あるべき結論を導き出す作業です。

　それぞれの法令の目的は、その法令の一番最初、具体的には１条に規定されています。法として何をこの社会において達成しようとしているのかを冒頭で明らかにする必要があるからです。その法令において、一番大切な規定です。では、公職選挙法の目的を確認してみましょう。」

> 公職選挙法
> （この法律の目的）
> 第１条　この法律は、日本国憲法の精神に則り、衆議院議員、参議院議員並びに地方公共団体の議会の議員及び長を公選する選挙制度を確立し、その選挙が選挙人の自由に表明せる意思によつて公明且つ適正に行われることを確保し、もつて民主政治の健全な発達を期することを目的とする。

　「公職選挙法の目的は、公正な選挙の確保と民主政治の発展（なるべく多くの人に投票してもらうこと）です。子どもが、投票所で公正な選挙を阻害するような行為をするとは考えられません。また、子ども連れでなければ投票できない人も多くいるので、子ども連れの投票を認めることが公職選挙法の目的に適います。１条の目的から58条を『読む』のではなく『解釈』すると、『子どもを同伴して投票所に入ることができる』という結論になります。」

　↳　ここで、多くの研修生が「法律や条例の条文は、１条の目的を見て理解しなければならない」という趣旨のメモを、私が用意した研修資料に書き込もうとします。

【講師】

「社会のルールである法令に目的があることや、その法令は目的にしたがって適用しなければならないことは、物の道理であって、メモして覚えるようなことではありません。

　この法令における目的の重要性についての理解だけではなく、自治体職員として法令を理解するということは、社会のしくみとして当然に存在すべき事柄を確認すること、自分の考え方や価値観を社会におけるコモンセンスと擦り合わせること、そして、最終的には、自分が法令のしくみを作りあげたとしても同じことをするだろうという共感を形成することを意味します。

　『理解』ではなく『納得』してください。そうすれば、覚えるとか忘れるとかいう対象ではなく、多くのメモも必要ではなくなります。法務の世界にサプライズや研究によって見出される真理のようなものはないのです。」

【講師】

「ここで、この公職選挙法58条の条文が作られたときのことを想像してみましょう。いきなり条文を書き起こすのではなく、まず、投票所にどのような人を入場させるべきかを検討したはずです。その際に、『子ども連れでの入場を認める。』と決定したのです。

　そのうえで、『子ども連れで入場できる。』とわざわざ規定するかどうかも検討されたのです。そして、『その必要はない。目的から判断すれば、規定しなくても正しく適用できる。』さらには、『そんなことまで規定していたらそれぞれの条文が無用に長くなって使いにくくなってしまう。』との結論が得られたのです。実務においては、それぞれの法令の解説書に、立法の過程が記述されているので参考にしてください。」

「公職選挙法58条は、何度か改正されています。改正とは条文の内容を変えることです。ある時点での改正後の同条の規定です。では、なぜこのような改正がされたのか考えてみてください。」

> 公職選挙法（一部略）
> （投票所に出入し得る者）
> 第５８条　選挙人、投票所の事務に従事する者、投票所を監視する職権を有する者又は当該警察官でなければ、投票所に入ることができない。
> 2　前項の規定にかかわらず、選挙人の同伴する子供は、投票所に入ることができる。

↳　ここでは、追加された同条2項があってもなくても、「子ども連れで投票できる」という結論は変わらない、つまりは、改正前後の条文は同じ意味で表現が違うだけなのだということを確認します。にもかかわらず、改正されて「子どもは入場できる」とわざわざ（無用な）規定が追加されたのです。

　ここは、指名するのではなく、研修生の挙手を待ちます。かなりの割合で正解者が出てきます。正解は、「赤ちゃんや幼児を連れた選挙人を入場させなかった自治体がいくつかあったから」です。

　当時、「子ども同伴不可」と判断してしまった原因は次の二つに集約されます。
①自らが担当している選挙事務の根拠である公選法の目的を理解していない。
②住民の正当な利益を何とかして実現しようとする意思がない。

　「各人に彼のものを」という言葉があります。②については、その人に与えるべきもの、その人が社会において得るべきものを確保するのが法の役割だという意味です。「子ども同伴で投票できる」は、確かに「彼や彼女のもの」だと考えられますね。にもかかわらず、実際には、「条文に『子ども』と書いていないからしかたがない（私のせいではない）」として、子ども連れの住民を追い返しているのです。

　正しい解釈には、「住民のために何とかしよう！」という主体性が必要なことが分かると思います。その主体性は、「（法律を作ったのは自分ではないけれど）住民のために法を執行しているのは自分である」という自覚によって支えられています。赤ちゃんを抱えて投票所を後にする女性の後ろ姿は、主体性が不足していた彼らの電子レンジにスイッチを入れる動機にはならなかったのかもしれません。

> 【講師】
>
> 「では、みなさんが仮にこの条文の案を作るとしたら、2項を置きますか、それとも、当初の条文のように1項だけにしますか。」

↳ 多くの研修生が「2項を置く」というほうに挙手します。

> 【講師】
>
> 「そうですね。分かりやすくなるからですね。でも、制定当初の58条には2項が置かれなかったことには、ちゃんと理由があります。それを明らかにしてみましょう。
>
> みなさんが選挙を担当する選挙管理委員会の職員だとします。そこに、小さな子どもが訪ねてきて『選挙管理委員会のお兄さん（お姉さん）、ぼくたちも、選挙の時に「とうひょうじょ」に入ってみたいのです。入れますか？』」と尋ねられたらどう答えますか。」
>
> ①　選挙の時にお父さんやお母さんと一緒に来なさい。
>
> ②　君たちは18才になるまで入れないよ。選挙には関係ないからね。

↳ 多くの研修生が①と答えます。ここまでの講義内容と結論自体は整合するからです。一方で、おおむね1割くらいの研修生は、決然とした明るい表情で②と答えます。

　私は、挙手してもらう前に、時計を指さして、「もうすぐ最初の『法の解釈適用』の単元が終わります。こんなとき、講師としては、締めくくりとしてちょっとしたサプライズを用意するものです。ですから、ここでもみなさんが『これだ』と考えていないほうが正解です。さて、それはどうしてでしょうか。」と問いかけることがあります。ここで①だと思っているだろうが正解は②ですよ、という意図が通じます。

　なぜこの場合②なのか、それは、目的に整合しないからです。法的には、選挙権の行使のために親子連れで入場することと、選挙とは関係のない子どもの興味を満たすために親子連れで入場することとは、別の結論なのです。

　もちろん、実務においては、①のように対応します。「ここは、法的な考え方を学ぶ機会、いわば法律ごっこの場だから、このように考えるのですよ。」と念のため、付言します。

> 【講師】
> 「2項まで規定してしまうと、目的に合わないようなこの事例においても、『選挙人の同伴する子どもは、投票所に入ることができると規定されているではないか。』と反論されたら、もはや認めないという判断はできなくなってしまいます。手段である58条が目的から離れて、一人歩きを始めてしまうのです。
> 　目的とは関係なく『とにかく『こう』しなさい。』という条文になってしまいます。ですから、法令の規定は、くわしく定めればよいというものではないのです。」

　↳　法を正しく適用することとは、法令の目的を実現することであり、手段である条文の読みどおりに社会を動かすことではないのです。

〔法と自治体職員の役割〕

　法には目的があること、そして、法は住民の代表である議会が創るものであることは、自治体職員にとって、「何のために、何をすべきか」は所与であって、自らの価値観でしごとをすることはできないということを意味しています。

　研修の最後には、以下の言葉で締めくくります。内容自体は、法に従ってしごとをすることを理解していない自治体職員へ向けてのものです。この文章を新規採用職員が聞いている時間帯は、看護師さんにとっての戴帽式に相当すると思います。「このような問いかけを受けるような職員には決してなりません。これから、住民のためにしごとをしていきます。自分の地位や権限を自己達成の道具にはしません。」という誓いです。

> ・　このまま、ずっと、何の根拠も、成功する保証もない、あなたの独りよがりの考え方によって、しごとを続けるのですか。
> ・　あなたの考えている「政策・事業」が一定程度、成功する保証がどこにあるのですか。
> ・　もし、失敗したときに、その影響やコストが自分や自分の家族の負担になるとしてもその決断ができますか。
> ・　あなたが自治体職員として手にしているものは、常に「権利」ではなく「権限」です。そのうえで、あなたが今、手にしている権限はだ

れのために、何のために、何のためにあるのか、そして、だれから与えられたものなのか、よく考えてみてください。

・　そもそも、自分が住民の今日と明日を決定できる能力を持った存在だと考えますか。自分の日常や過去から冷静に判断してみてください。担当者としての机と名札が与えられただけで、自分に必要な資質が備わったと勘違いしていませんか。

・　法律や条例は、「これを実現することを条件に、あなたの（恵まれた）公務員としての身分を保障します、また、住民に損害を与えても、個人としての賠償責任は負わせません。」という住民との契約書であるはずです。あなたがやろうとしていることは、その住民との契約に違反することにはなりませんか。

・　法（根拠）がなければ、何も住民のために働くことができない自分を客観的に見つめることができる勇気を持ちましょう。そうすれば、法が決めた考え方やルールを理解して、それに従うことができるはずです。また、法務を真摯に学んで、法を正しく理解すれば、法に従う中でも、自分の「思い」は、実現できるはずです。

❷　法の目的と解釈〜ケーキの分け方は？〜

みなさんが、双子の女の子のお母さんだったとします。

そして、ここにおいしそうなケーキがあります。イチゴと生クリームがふんだんに使用されています。高価です。めったに食べられないケーキです。「何があったの？それとも、この後、何があるの？」などと子どもたちに勘ぐられそうです。

このケーキをあなたが二人に分け与えます。子どもたちにとっては、運命の瞬間です。さて、どのようにケーキを切り分けますか。

切り方は目的によって変わります。

・長子優遇……長女を優遇することが目的であれば、姉が多めになります。

・成績向上……学校の成績を向上させることが目的であれば、成績のよいほうに多く渡します。3分の2くらいでしょうか？

・老後安定……そろそろ老後の生活が心配になってきたのなら、普段の言動から、将来面倒を見てくれそうなほうにかなり多めに、思い切って、4分の3くらい投資するでしょう。

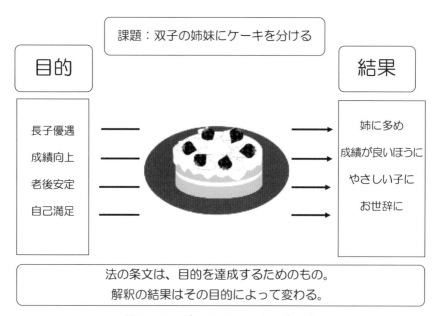

図2−2　法における目的の重要性

・自己満足……さらには、自己満足が目的なら、「お母さんいつもきれいね！」
　と普段から心にもないことを言ってくれる姉においしい部分をすべて与え、
　妹には生クリームとイチゴをはぎ取ってスポンジしか渡さないでしょう。こ
　れは、自分の心に正直な分け方（縦ではなく横に切る）かもしれません。

　このように、「双子の姉妹にケーキを分ける」という課題（法においては各
条文）は同じなのに結果は目的（法においては１条の目的規定）によって異なっ
てきます。

　法の条文は、「要件＋効果」という形を持っているので、解釈の対象として
完結しているように見えますが、そうではありません。そもそも、目的を達成
するために各条文があるのです。「長子優遇」、「成績向上」、「老後安定」、「自
己満足」というそれぞれの目的（まちづくりにおけるさまざまな目的）の達成
手段として豪華なケーキ（住民に義務を課したり権利を与えたりする規定）が
購入される（創られる）のです。

　法にとって、目的は各条文の解釈の結果を変えてしまうほど重要な意味を
持っています。法の解釈適用においては、法の要件や効果だけを理解して、単

に事実を要件に当てはめるのではなく、法の目的をしっかりと理解しなければ
ならないのです。

❸ 法の目的と解釈〜補助金の交付〜

　X市では、商業の振興のために補助金制度を設けました。新しい事業に取り
組もうとする意欲のある個人商店の経営者が対象です。市民としての義務を果
たしている人だけを補助金の対象とすべきであるという考え方から、納税証明
書を補助金交付申請の提出書類に加えました。

　なお、補助金の交付マニュアルには納税証明書の提出が必要な理由は記載さ
れていません。

　担当のA係長のところにYさんが補助金を受けたいと相談に来ました。Yさ
んが計画している事業は、補助金の趣旨にぴったり合うもので、あとは申請の
手続きを確認するだけとなりました。

> A係長：「補助金を受けるには、いくつか書類が必要となります。」
>
> Yさん：「どんな書類を提出すればよいのですか。」
>
> A係長：「まず、過去3年間の市税の納税証明書です。」
>
> Yさん：「店は赤字が続いているので、市税は非課税なのです。非課税
> 　　　　証明書でもいいですか。」
>
> A係長：「（マニュアルを確認して）だめですね。納税証明書の提出が要
> 　　　　件となっています。」
>
> Yさん：「えっ！でも、市税の滞納はないのですよ。」
>
> A係長：「とにかく、補助金の交付を受けたければ、納税証明書を提出
> 　　　　してください。提出がなければ、補助金は出せません。」

　A係長は、なぜ納税証明書が必要なのかを把握していません。A係長が抱え
ている課題は、以下の二つです。

> ①　行政や社会一般において、納税証明書の提出が必要な理由を自治体職員、あるいは、社会人として理解していない。
> ②　この事業において納税証明書の提出を条件としている理由を担当者として理解していない。

　A係長が①か②のどちらかを理解していれば、このような事態にはならないのです。

　ちなみに、市民であるYさんは①を理解しているようです。

　「目的を理解する」ことは、法律や条例の解釈適用だけではなく、要綱の運用や事業の実施においても必要なことなのです。そして、目的を理解するためには、自治体職員として、また、一人の市民としての常識的な知識や考え方を持っていなければなりません。

４　確認的な規定〜補助金交付の根拠〜

　これは、自治法の補助金に関する規定です。この条文を解釈してみましょう。

> A　地方自治法（下線筆者）
> （寄附又は補助）
> 第232条の2　普通地方公共団体は、<u>その公益上必要がある場合においては、</u>寄附又は補助をすることができる。

　文理的には、下線の「公益上必要がある場合」が補助金交付の要件となっています。ここが解釈のポイントのように思えます。

　では、試しに下線の部分を除いてみます。

> B　地方自治法（Aの下線部削除）
> （寄附又は補助）
> 第232条の2　普通地方公共団体は、寄附又は補助をすることができる。

　こちらは、実際の232条の2とは違って、何の条件もなくどのような場合でも自治体は補助金を交付できると規定しているように見えます。

　しかし、自治法の目的や自治体の役割を考えれば、公益目的が必要という公金支出における制限はこの規定の前提として存在していることになります。

　ですから、下線部があってもなくても、「補助金は公益目的がある場合にだ

け交付できる。」という結論に変わりはありません。「読む」のではなく「解釈」すれば両者は同じ意味になります。

　下線部は当然のことを確認的に規定しているのです。実際に、裁判例でも「公益上」については広く自治体の裁量が認められています。

　少なくとも、税の賦課や行為の許可における根拠規定のように限定的な意味を持つものではありません。

　さらには、自治体がまちづくりのために一定の場合に公金を交付することは、自治体の存在自体に内在した役割ないしは権能であると考えて、自治法232条の2自体が確認的な規定であり、仮に同条がなくても自治体は公益目的があれば補助金を交付できると判断することも可能です。

　法の解釈においては条文の意味だけではなく、その条文がそこに置かれている意義も理解しなければなりません。

　条文に法的な光を当ててそれが実質的な意味を持たないという影を映し出すことができるのも法に明るい職員の能力です。

🔢 住民の権利の大切さ〜農地の保全〜

　国土の中で、農地として整備・保全すべき区域を定めている法律があります。農業振興地域の整備に関する法律（以下「農振法」という）です。農振法によって、その区域内で事業を行う際は市町村長の許可が必要とされています。

農業振興地域の整備に関する法律（一部略）
（農用地区域内における開発行為の制限）
第15条の2　農用地区域内において開発行為をしようとする者は、あらかじめ、農林水産省令で定めるところにより、都道府県知事の許可を受けなければならない。ただし、次の各号のいずれかに該当する行為については、この限りでない。
　一　国又は地方公共団体が、道路、農業用用排水施設その他の地域振興上又は農業振興上の必要性が高いと認められる施設であつて農林水産省令で定めるものの用に供するために行う行為
　十　公益性が特に高いと認められる事業の実施に係る行為のうち農業振興地域整備計画の達成に著しい支障を及ぼすおそれが少ないと認められるもので農林水産省令で定めるもの

農業振興地域の整備に関する法律施行規則（一部略）

（法第１５条の２第１項第１号の農林水産省令で定める施設）

第３５条　法第１５条の２第１項第１号の農林水産省令で定める施設は、国又は地方公共団体が設置する道路、農業用用排水施設その他の施設で次に掲げる施設以外のものとする。

一　学校教育法（昭和２２年法律第２６号）第１条に規定する学校、同法第１２４条に規定する専修学校又は同法第１３４条第１項に規定する各種学校の用に供する施設

二　社会福祉法（昭和２６年法律第４５号）による社会福祉事業又は更生保護事業法（平成７年法律第８６号）による更生保護事業の用に供する施設

三　医療法（昭和２３年法律第２０５号）第１条の５第１項に規定する病院、同条第２項に規定する診療所又は同法第２条第１項に規定する助産所の用に供する施設

（法第１５条の２第１項第１０号の農林水産省令で定める行為）

第３７条　法第１５条の２第１項第１０号の農林水産省令で定める行為は、次に掲げるものとする。

二十五　電気通信事業法による認定電気通信事業の用に供する線路若しくは空中線系（その支持物を含む。）又は中継施設の設置又は管理に係る行為

農振法の委任を受けた省令では、道路事業は、区域内であっても許可は不要であると規定されています。この点をめぐってＡさんと農業課歴20年の課長がもめています。どちらが正しいでしょうか。

Ａさん：「省令では、道路事業については許可が不要となっていますよね。なぜ、昔から、道路事業の実施について道路課に許可申請を出させているのですか？許可申請はいらないことを道路課に伝えましょう。」

課長：「農振法は、農地を守り農業の振興を図るための法律だから区域内の道路についての許可を受けさせることは当然、必要だろう。これからも許可申請をさせるべきだ。」

〔法の目的と法の解釈〕

　法律は、社会において必要であるにもかかわらず、達成されていない状態や事柄を実現するために制定されます。その状態や事柄、つまり、法律の目的は、1条に規定されています。農振法の目的を確認してみましょう。

農業振興地域の整備に関する法律
　（目的）
第1条　この法律は、自然的経済的社会的諸条件を考慮して総合的に農業の振興を図ることが必要であると認められる地域について、その地域の整備に関し必要な施策を計画的に推進するための措置を講ずることにより、農業の健全な発展を図るとともに、国土資源の合理的な利用に寄与することを目的とする。

　「何が何でも農地だけは守れ！」とか、「農業が何よりも大切だ！」などとは規定していませんよね。農業や農地の重要性を踏まえながらも国土における他の利用形態とのバランスをとっていきましょうという法律です。

　ですから、農振法の中では、当然、農地の保全よりも優先されるべき事業があることが予定されています。それが、法律の委任を受けた省令が定めている道路建設などの許可不要の事業なのです。道路事業によって、農地や農地にする予定の土地が道路に変わることは農振法の目的に適っているのです。

　それぞれの目的を達成するために条文があります。課長をはじめとした農業課の職員は、法律をその目的ではなく自分たちの思い込みである「何よりも農地の保全が大切」に従って解釈してきたのです。

　そこには、単に「道路事業の実施については許可が不要である」と規定している省令を知らなかった、あるいは、無視したということだけではなく、法の目的というものに対する理解、言い換えれば、法が何のために存在しているのかということへの理解が不足しているという深刻な問題があります。

〔違法行為を生む「法的な考え方」の不足〕

　　Ａさんの努力によって、Ｘ市の道路事業には許可手続きが要らなくなりました。道路課の職員はＡさんに感謝（当たり前のことが実現しただけなのですが）していますが、区域内の道路事業に口を出せなくなった農業課の職員は不満がいっぱいです。

　　Ａさんも、許可申請が不要になったので、区域内の道路事業などの情報が農業課に集まらなくなるのは問題があると考えました。そこで、課内のミーティングで、「農業課としては区域内の現況や今後の見込みを知っておく必要があると思います。ついては、道路課に、改めて許可申請の義務がないことを伝えたうえで、今まで許可の申請書に添付していた事業計画の資料を提供してくれるよう『お願い』してはどうでしょうか。」と提案しました。

　　農業課のメンバーは猛反発します。「『お願い』とはどういう意味だ！なぜ、区域を管理している立場の農業課が、事業を行う立場の道路課に頭を下げなければならないんだ！」

　↳　法律や条例の根拠がない事柄を要求する際には、相手方にそれを義務付けることはできません。また、要求している事項が法的な義務でないことを明示しなければなりません。これは、法に従って行政を進める自治体職員が身につけておかなければならない基本的なルールです。

　　農業課のメンバーの頭の中にあるのは、農振法の目的や条文ではなく、「許可の担当者とその相手方（監督者と被監督者）」というおおざっぱな関係性です。担当者であれば、自らの事務事業に必要な事柄を相手方に義務付けできるという思考回路の中には、「法的な考え方」が欠落しています。Ｘ市の農業課の職員には農振法の内容を語る資格がありません。

〔法を守ることと住民の権利〕

　　後日、携帯電話会社の従業員が、携帯電話の電波塔を区域内に設置するため、農振法の許可申請書を持って窓口にやってきました。

Ａさん：「携帯電話の電波塔の設置は、農振法の許可が不要な事業です。申請は必要ありません。」

従業員：「今まで、ずっと許可をいただいていますよ。どうして今回は
　　　　申請がいらないのですか。」

Ａさん：「・・・・・・」

従業員：「本当は許可が必要ないことは、前から知っていました。事業
　　　　が予定どおりに進まなければ会社の損失になりますから、関
　　　　係する法律は把握しているつもりです。近隣のＹ市やＺ市で
　　　　は、許可が必要ないのにＸ市だけどうしてだろう？とは、ずっ
　　　　と、考えていました。でも、役所と言い争ってもしかたがな
　　　　いので、今まで、許可申請書を出していたのです。Ｘ市内に
　　　　電波塔を設置する場合は、許可申請に時間がかかりますから、
　　　　本社では、特別に早めのスケジュールを組んでおり、担当者
　　　　が変わるときの引継ぎ事項にもなっています。」

↳　農地の保全だけに夢中になっていた課長たちに欠けているのは、無用な
許可を強いられ、そのために時間やコストを無駄にさせられていた企業や

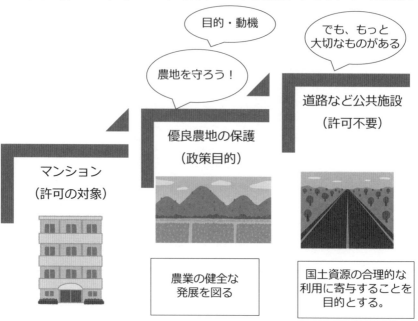

図２－３　法におけるバランス

その従業員の人たちの権利についての思いです。

　窓口でのやり取りは、自治体職員にとっては、日常業務の一場面かもしれません。しかし、カウンターの向こうにいる住民や企業の人たちにとっては、職員の一つひとつの言葉や判断が、今日の、そして、明日からの暮らしを左右する重要な意味を持っているのです。

　住民一人ひとりの権利や義務を大切に考える、それが、「法的な考え方」です。「法的な考え方」を持つために必要なのは、自分が大切にしているものよりも、もっと大切なものが社会にはあるということの理解と、その「社会にとって大切なもの」を自分が大切にしているものよりも大切だと思えるようになる心（リーガルマインド）です。

　道路や学校や病院の設置について農振法 15 条の 2 における許可が不要なことは、条文上は同条の「例外」ですが、社会的には「原則」なのです。道路・学校・病院の設置＞優良農地の保全＞一般的な開発行為という公式で農振法は成り立っています。自らが持つ固有の目的の「＞」の左側に何も置いていない法律は法として認められないのです。

　何かの担当になったとき、何かを志したときに、その「何か」よりも大切なものを見つけることが、その「何か」に取り組む最も大きな意義なのです。法はそんなことも教えてくれます。

第2部

基礎編

第 3 章　契約と行政処分のしくみ

はじめに
/////////////

　権利や義務が発生するためには約束が必要です。権利や義務を発生させる約束には二つの種類、①契約、②法律や条例（法令）があります。

> ①は当事者の自由な意思による「個人の約束」
> ②は国民（住民）の代表が決めた「社会の約束」

　そして、この権利や義務を発生させる約束のことを「法」といいます。権利や義務が発生するためには、以下のどちらかが必要となるのです。

> ①　契約を締結する。
> ②　法令に基づいて行政処分をする。

I　まずは、考え方を身につけよう！
///

■ 契約は社会の基本法

　自治体でパソコンを購入する際には、業者との間でパソコンと金銭を交換する契約（売買契約）を結ぶ。契約の成立によって、自治体に「パソコンをもらえる」という権利と「代金を支払う」という義務が発生する。反対に業者には、「代金をもらえる」という権利と「パソコンを渡す」という義務が発生する。これで、自治体がパソコンを購入するという目的（業者が儲けるという目的）が達成される。

　このように、当事者の自由な意思による契約という法で社会におけるさまざまな目的がすべて達成できるのであれば、契約以外の法は必要ないことになる。

■ 契約における課題

　パソコンを購入するためには、住民からまちづくりの原資である税を徴収しなければならない。その手段としては、住民との間で「税金を得ることができる」

という自治体の権利と「税金を納める」という住民の義務を発生させる必要がある。しかし、契約によって税を徴収することは、以下のように困難である。

> ①　契約を結ぶかどうかは、当事者の自由である。
> ②　双方に権利と義務が発生する売買契約とは違って、住民に「税金を払う」という義務だけが発生する。

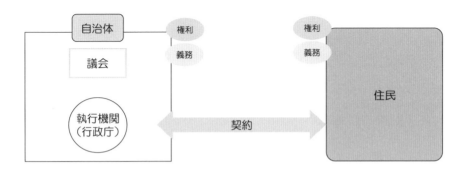

当事者の合意で個別に権利義務を設定

図3-1　契約における権利と義務の発生

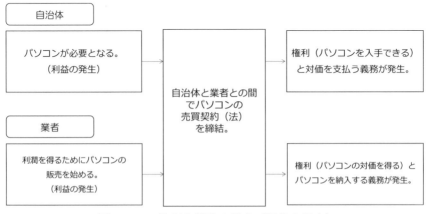

図3-2　権利と義務の発生（契約の場合）

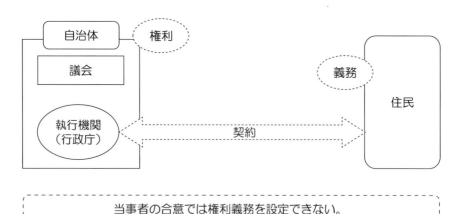

図3－3　契約における課題（1）

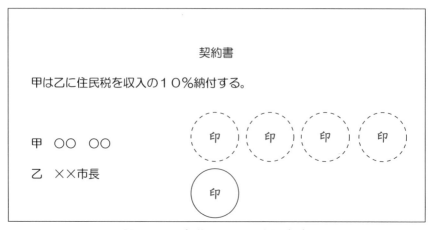

図3－4　契約における課題（2）

　よって、住民が契約に合意するとは考えにくい。自治体の権利（債権）と住民の義務（債務）を契約という法で発生させることは困難である。また、パソコンの購入契約であれば、一人の者とだけ契約すればよいが、税の場合は、数多くの住民と契約を結ばなければならない。まちづくりの原資である税を集めるという目的に契約という法はなじまない。

❸ 行政処分の役割

　そこで、契約に代わって、税の負担のように社会において必要な住民の義務を発生させるしくみが必要となる。しかし、一方で、義務を負う者の合意なく一方的に義務を発生させることはできない。住民の義務は、「個々の住民の合意の代わりになるもの」によって、発生させなければならないのである。そのしくみが、「行政処分」である。

〔行政処分のしくみ〕

> ①　住民の代表（議会）によって法令（法律や条例）を制定する。
> 　　例：住民への税の納付義務を法令（税条例）で定める。
> ②　その法令の内容に従って自治体（執行機関）が一方的にそれぞれの
> 　　住民に命令し、自治体の権利と住民の義務を発生させる。
> 　　例：税条例の要件に従って、税を賦課（納付命令）する。

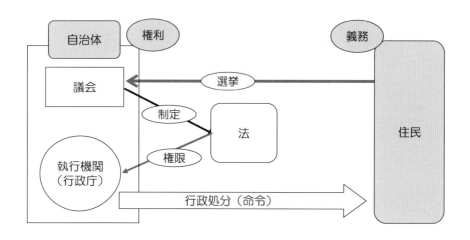

> 法律や条例（法）で、一方的・公平・画一・大量に権利義務を設定

図3−5　行政処分による権利と義務の発生

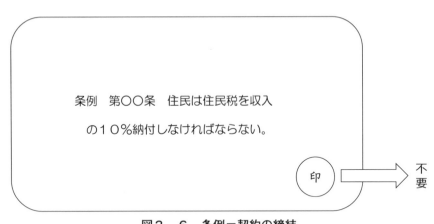

図3−6 条例＝契約の締結

　行政処分は自治体による命令ではあるが、住民にとっては、自分たちの代表である議会が議決（承認）した法律や条例に基づいた命令であるから、間接的に自分の意思で約束（契約）したことになる。法律や条例が契約書の代わりに

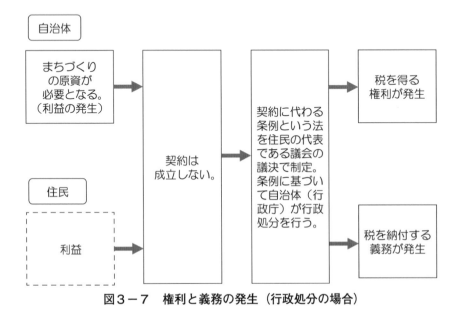

図3−7 権利と義務の発生（行政処分の場合）

なり、行政処分が契約の締結の代わりになるのである。

　契約は個人の約束であり、法律や条例は「社会の約束」である。契約の締結ではなく、行政処分という方法を使うことによって、契約と同様の正統性（間接的ではあるが、義務を負う者の意思によって義務が決められる）を持って、住民から税金を得ることができる。住民一人ひとりと契約を結ばなくても法律や条例で定められた税額や手続に従って、一方的に大量・画一に、しかも公平に自治体の権利と住民の義務を発生させることができるのである。

❹ 権利や義務を発生させる方式

　住民の権利や義務を発生させるには、二つの方法がある。

> ①　契約を結ぶ。
> ②　法律、条例（法令）に基づく行政処分を行う。

　発生させる必要がある権利や義務の性質やその当事者の属性によって、①あるいは②の方式が使い分けられる（まれに、両者が混合している方式もある。例：給水条例によって自治体には、住民に水道水を供給する契約を結ぶことが義務付けられている。）。

❺ さまざまな行政処分

　行政処分は権利や義務を設定する技術的な方式である。税の賦課のように住民の義務を一方的に発生させる場合だけではなく、自治体行政のさまざまな場面で使われる。

　「行政処分によって発生した義務（権利）である」ということだけで、その義務や権利の内容や性質が明らかになるわけではない。契約でも行政処分でも発生させることができる義務や権利も存在する。下記（1）の行政処分は契約にはなじまないが、(2)は施設を使用する権利を住民に与えるものであるから、契約方式（賃貸借契約）でも可能である。

　実務上は、税の賦課のような住民の義務を一方的に設定する行政処分よりも、（1）の権利を回復させる行政処分や（2）の公の施設の利用関係の調整のための行政処分のほうが相対的に多くなっている。

（1）権利を制限し、回復させる行政処分

　社会におけるさまざまな「規制」についての行政処分である。その多くは「許可」であり、申請に基づく。許可を受ければ、許可の対象となった行為を適法に行うことができる。許可を受けなければ違法となる（例：違法営業）が、許可を受けずに行った行為（例：売買契約）自体は有効である。

> 例：飲食業の営業許可など
> ①　飲食店を自由に営業する権利（営業の自由。憲法 22 条 1 項）はだれにでもある。
> ②　しかし、そのまま自由に営業すると食中毒がまん延し、住民に被害が及ぶ可能性が相当程度ある。
> ③　そこで、飲食店を営むことを、いったん法律によって禁止する。
> ④　そのうえで、食べ物を販売するために必要な技能や知識を持っているか、衛生的な機器を備えているかなど、適正に飲食店営業ができる条件を法律で定める。
> ⑤　飲食店営業を希望する者からの申請があれば④の要件を満たしているかを審査する。
> ⑥　法律の条件を満たしていれば、③の禁止を解除して、本来有している飲食店を営業する権利を復活させる行政処分（許可）を行う。

　この許可における「権利」とは、売買や税の納付の場合のような法律行為（契約・行政処分）の相手方に対する権利ではなく、社会に対する権利を意味する。

行政処分	例
義務を課すもの	税の賦課
禁止を解除し、自由を回復するもの	飲食店の営業許可
公の施設の使用に関するもの	公の施設の使用許可
特別な権利を設定するもの	行政財産の（目的外）使用許可
自治体の金銭を配分するもの	補助金の交付決定

図３－８　さまざまな行政処分

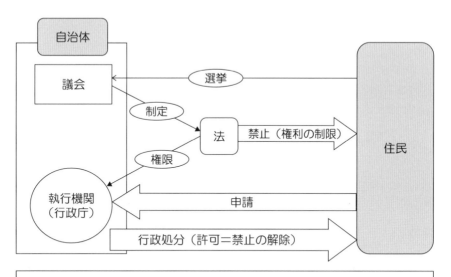

法で権利を制限し、申請によって制限を解除して権利を回復させる。

図３－９　行政処分（禁止の解除）

（2）公の施設の利用関係の調整における行政処分

　公の施設を利用する権利を与える行政処分である。ここでも、「申請―許可」という方式が採られる。

　「申請―許可」という方式ではなく、契約（賃貸借契約）に置き換えることも可能である。

> 　例：公の施設の使用許可
> ①　住民には、自治体の公の施設を利用する権利がある。
> ②　しかし、利用を希望する日時や場所についての調整が必要となる。
> ③　そこで、すべての住民に対し、条例で利用をいったん禁止する。
> ④　そのうえで、利用可能な時間、利用条件、使用料、利用手続など利用を調整するための規定を条例で設ける。
> ⑤　利用を希望する住民の申請によって、利用目的が施設の設置目的や各規定に合うかを確認し、他の利用希望者との調整を行う。
> ⑥　確認・調整ができた場合は、禁止を解除してもとの利用する権利を復活させる「許可」という行政処分を行う。

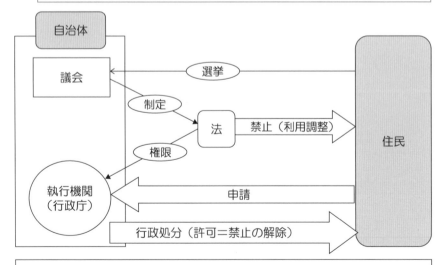

図3－10　行政処分（公の施設の利用）

Ⅱ　理解を深め、思い込みを解消しよう！

◫ 条文上の表現と学問上の概念との違い

　行政法という学問の領域において、国や自治体と国民や住民との間にどのような法的な関係が必要かということが研究され、許可、認可、特許などのさまざまなしくみの行政処分が見出された（学問上の概念）。それが、適宜、実際の法令や条例の条文に反映されている。しかし、条文の表現と学問上の概念が一致していない場合もある。

　食品衛生法に基づく飲食店の許可の場合は、条文上も「許可」と表現されている。しかし、庁舎内の売店の設置のような行政財産の使用許可（目的外使用許可。自治法 238 条の 4 第 7 項）は学問上、「特許」とも呼ばれ、特別な権利を設定する行政処分である。庁舎内で営利行為を行う権利は、だれにもないので、学問上の許可の定義である「本来持っている権利の回復」ではない。よって、目的外使用許可の事務で法律書を参考にする際には、根拠条文の規定である「許可」ではなく、「特許」の頁を開かなければならない。

◪ 行政処分によって契約関係が発生する場合

　公営住宅への入居は、利用関係を調整するために、公営住宅法に基づく長の「許可」という行政処分によって決定される。契約によって入居が決定される民間アパートの場合とは異なる。

　しかし、それは、入居が決定される段階までに限られる。入居が決定した後の法律関係は、両者とも、「家賃を支払って住居を借りる」という賃貸借関係がそこに継続していく。契約ではなく行政処分（許可）によって入居しても、本質は、「契約（賃貸借）関係」である。

　施設や財産の利用関係において、「許可」と「契約」との違いは、公営住宅の賃貸借関係を発生させるための法的手段の違いであり、賃貸借関係を発生させた段階で、「許可（行政処分）」の役割は終わる。

　「行政処分」という言葉のイメージから独自のかつ複雑な法律関係が継続して存在すると誤解しがちである。しかし、少なくとも、自治体の財産の本来的な利用に関しては、基本的には、民間における法律関係と同じ「契約関係」であると理解してかまわない。

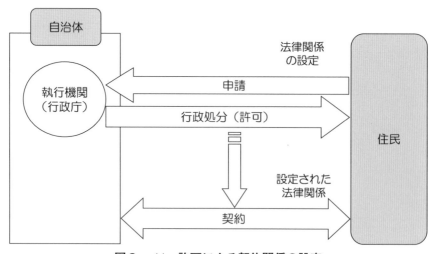

図3-11　許可による契約関係の設定

おわりに～復習とさらなる理解のために～

■ 許可と認可

　許可と似た用語に「認可」があります。これは、「適法要件」ではなく、「効力要件」です。つまり、認可という行政処分の対象であるにもかかわらず、認可を受けずに行った行為は無効となります。

　仮に牛丼の販売に許可ではなく認可が必要であれば、認可を受けていない牛丼の売買契約は無効です。また、販売そのものではなく、牛丼の価格決定に認可が必要であれば、牛丼の売買契約自体は自由に締結（おおげさですね）できますが、認可を受けずに290円から330円にメニュー表を書き換えても、あなたに、値上げ分の40円の支払い義務は発生しません。牛丼の販売に法律で認可制度が設けられるとしたら、牛丼が主食になって、牛丼がなければ多くの国民が生活できない状況になったときでしょう。1杯2,000円になると国民が困窮するので、その時はきっと、契約の効力自体に国が介入して国民生活を守ってくれることと思います。期待しましょう。

　地縁による団体（自治法260条の2）が法人になる際の認可が必要です。それは、「認可を受けずに法人になった場合は違法になる」のではなく、「認可を受けなければ法人になれない」ことを意味しています。

2 自治体における契約のしくみ

契約の成立については、契約書の作成や契約書への押印は不要です。契約書がなくてもお互いの意思が確認できれば、それで、契約は成立します。家や車の売買などの重要な契約の場合には、後で、契約の内容をめぐって揉め事が起きたときのために証拠として契約書を作成します。

以上は、民間における契約のルールです。民法にその根拠となる規定があります（民法91条）。

しかし、自治体の場合、契約書を作成するときは、契約権限を持っている者が記名押印しなければ、契約の効力は発生しません（自治法234条5項）。

どんな場合に契約書を作成しなければならないかは、契約金額を基準とした（例：50万円以下は契約書の作成は不要）、各自治体の規則（財務規則）などで定められています。

	対象となる契約	根拠	契約書の作成・契約書への押印	契約書を作成する場合の効果
原則	民間における契約	民法91条	不要	証拠の保存
自治体の契約における例外	財務規則で定める金額を超える契約	各財務規則 自治法234条5項	要	契約効力の発生
上記例外の例外	財務規則で定める金額以下の契約	各財務規則	不要	―

図3-12　自治体における契約の方式

第4章 行政指導のしくみ

はじめに

　自治体はその事務を進める中で、住民と「契約」、「行政処分」、「行政指導」という3種類の「法的なやり取り」を交わしています。

> ①　契約は、住民と自治体との個別具体の約束によって、住民の権利や義務を発生させるものです。
> ②　行政処分は、法律や条例の根拠に基づいて、自治体が一方的に住民の権利や義務を決めるものです。
> ③　行政指導は、住民の権利や義務を発生させるものではありません。

　行政処分と行政指導は民間団体にはない行政固有の作用であり、特に、行政指導は、自治体行政のさまざまな場面で行われています。

Ⅰ　まずは、考え方を身につけよう！

1 行政指導の効力と根拠

　「行政指導」は行政処分とは違って、相手方に権利や義務が発生しない自治体の「お願い」や「アドバイス」である。法令の条文においては、「指導」、「助言」、「勧告」という文言で表されている。

　行政指導に従うかどうかは相手方の任意であるから、「○○の場合は指導（助言、勧告）することができる」という法律や条例の根拠は必要ない。また、根拠を持っていても、行政処分のように住民に対して指導の内容を強制する効力を持つわけではない。

2 行政指導の根拠と客観性の確保・指導対象者の保護

　法的拘束力（相手方が従う義務）のない行政指導にも公益性や客観性が要求される。よって、法的な効力には関係ないが、行政指導が法律や条例に根拠を持ち、どのような場合に行政指導が行われるかが明示されているほうがより適当である。

条文の規定＼根拠	法律・条例	規則・要綱
命令	行政処分	行政指導
助言・指導・勧告	行政指導	行政指導

図4－1　行政処分と行政指導の区別

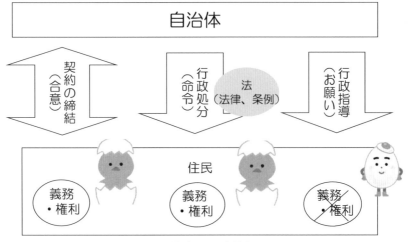

図4－2　住民との法的なやり取り

　また、特に法人は社会的な評価にさらされることが多いので、不本意な形で行政指導に従わざるを得ず、結果として、行政指導が行政処分と同じ効果を持つ場合も少なくない。よって、指導対象者の権利・利益の保護の観点からも、行政指導は、できるだけ法律や条例に根拠を持ち、どのような場合に行政指導を行うことになるのかを予測可能にしておくべきである。

　行政指導の多くは、行政処分と組み合わされているので、法律や条例の中に行政指導が規定されている例（法令の根拠を持っている例）も実際には多い。

Ⅱ　理解を深め、思い込みを解消しよう！

1 行政指導のパターン

　行政指導を適正に行うためには、以下ア～ウが重要となる。

　ア　根拠：法律や条例（法令）の根拠があるか。
　イ　目的：法令上の義務を守らせる目的のものであるか。
　ウ　時期：指導に従わない場合、行政処分が予定されている（行政処分
　　　　　　の前段）か。

　行政指導は、これらのポイントに応じて、いくつかのパターンに分けること
ができる。

〔パターンごとの解説〕

　図4－3に行政指導のパターンを①～⑦に分類した。以下、それぞれについ
て解説する。

①②〔ア根拠：あり　イ目的：義務の遵守　ウ時期：行政処分の前段〕

　一番多いパターンの行政指導である。行政指導の内容は、その根拠法令に規
定されている「○○してはならない」又は「○○しなければならない」という
義務を守ることである。

　①のように、「指導（助言）」と「勧告」という複数の段階の行政指導が規定
されている場合もある。「助言」も「勧告」も行政指導であるが、時系列的に
後に行われる勧告のほうが必然的により強い行政指導となる。②の指導や①の
勧告、つまり、行政処分の直前の行政処分につながる行政指導を行う際は、単
なる行政指導ではなく（行政指導で完結するのではなく）、従わない場合には、
行政処分（命令）を受ける可能性があることを行政指導の相手方に明確に伝え
なければならない（行政手続法 34 条、35 条）。

③〔ア根拠：ない　イ目的：義務の遵守　ウ時期：行政処分の前段〕

　行政指導には強制力がないので、法令に義務違反に対する命令の規定だけが
あって、その前段に行政指導を行うという規定がない場合であっても「いきな
り命令せずに、まずは、行政指導を行って任意に法令に従うことを促す」とい

う対応が可能である。①・②との違いは、義務違反があった場合に、行政指導を挟むことが自治体の義務ではない点にある。

④〔ア根拠：あり　イ目的：義務の遵守ではない　ウ時期：行政処分の前段〕
　義務ではない「努めなければならない（なるべくそうしてください）」の規定に行政指導や行政処分を組み合わせている。いくつかの法律や条例に散見されるが、「義務ではないことについて、守るように行政指導や行政処分を受ける」、つまり、「これは、義務ではないが、守らなければ、指導を受け、最終的には強制される（命令という行政処分を受ける）」という不適当なしくみである。規制的な条例を制定する際には参考にすべきではない（例：空き家対策特別措

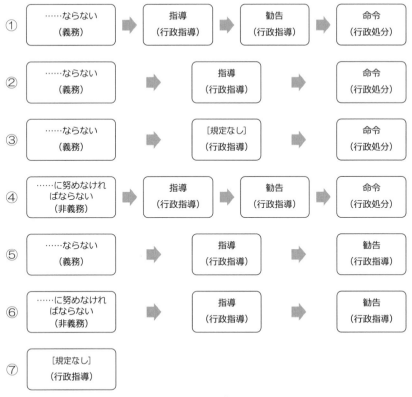

図4−3　行政指導のパターン

置法など）。

⑤〔ア根拠：あり　イ目的：義務の遵守　ウ時期：行政処分の前段ではない〕
　義務の規定はあるが、その義務を守らなかった場合でも命令（行政処分）ではなく、行政指導をするにとどまるしくみである。基本的には、義務を自主的に守るまで、適当な期間を空けて行政指導（お願い）を繰り返すことになる。

⑥〔ア根拠：あり　イ目的：義務の遵守ではない　ウ時期：行政処分の前段ではない〕
　義務ではない対象について、強制力のない行政指導を組み合わせたものである。任意の行動を期待する場合のソフトなしくみである。

⑦〔ア根拠：なし　イ目的：義務の遵守ではない　ウ時期：行政処分の前段ではない〕
　法律や条例に義務（しなければならない）も「努めなければならない（なるべくそうしてください）」も、行政指導の対象について何も規定がない場合に行う行政指導である。③の場合は「行政指導を行う」という規定はないものの行政指導を行う場合の対象（義務の対象）は定まっている。このパターンはそれすらない「白紙の行政指導」である。
　例としては、建築基準法などの法律上は全く問題がないマンションの建設について、周辺の住民の反対運動が起こった場合に、自治体が、建設事業者（＝建築基準法で定められている建築確認の申請者）に対して、計画を変更する（階層を低くするなど）ように行政指導をする場合などがある。
　一見、「住民の味方」として行うもののように思えるが、対象も要件も定められていない中で、行政指導を行うかどうか、行うとしてどのような指導を行うのか、言い換えれば、客観的にみて住民の反対運動が正当なものなのか、エゴなのかを判断する基準がない。
　「指導要綱」によって、このパターンの行政指導の基準を定めている自治体もあるが、「あくまで指導であるから」という理由で事業者などの権利を不当に侵害するおそれのある内容を持っているものも少なくない。

2 行政指導を行うための姿勢
　「行政指導には法的効力がないので、基本的には、住民の要望や行政上の必

要性に応じて、どのような指導をしてもよい」という適切でない理解が原因となって、正当性を欠く行政指導が行われることがある。

上記**1**の⑦などは、法的な効力の観点からは確かに行政指導であるが、その内容は、自治体と対象者との特殊なやり取り、いわば、一種の「行政（による特別な）要求」であるとも考えられる。法令で認められている行為をあえて思いとどまるように、しかも、法令の根拠もなく要求することの意味は極めて重いことを、確認しなければならない。

また、マンションの完成を期待している「住民になりたい人たち」や「マンション建設に携わって生活している人たち」の権利や利益も考慮しなければならない。

「住民が騒いでいるので、とにかく、行政指導をする」のであれば、それは、本来、行政がなすべき役割である「法令の内容を伝えて、（間接的に）苦情の対象となっている事業の正当性を住民に理解させる」ことを事業者の負担に置き換えているにすぎない。本当の意味での「住民の味方」ではなく、紛争の当事者を天秤にかけて、対応が困難な側の要求に応じているだけである。

行政指導とは「行政処分のように強制力がない」という効力に着目した概念であり、その内容の正当性や必要性は、あくまで、行政指導の中身（対象・時期・方法）によって担保されるのである。

おわりに〜復習とさらなる理解のために〜

〔公表の意味〕

条例には「行政指導＋公表」というしくみの規定が比較的多く見られます。

ここでの「公表」とは、指導に従わなかった場合に以下の①あるいは②を自治体のHPや告示などに掲載するものです。

> ①　行政指導の内容とそれに従わなかったという事実（その内容に指導を受けた者の住所や氏名も含まれる）
> ②　行政指導を受けた者の住所氏名自体

しかし、行政指導に従うことは任意です。従う義務はありません。それなのに、なぜ、行政指導に従わなかったら（「行政指導に従う」という言い方自体がすでに矛盾しています）氏名をさらされなければならないのでしょうか。

〔公表は罰則ではない！？〕

　この素直な疑問に対しては、「公表は事実を公表しているだけで罰則、あるいは、罰則的なものではない」という説明がなされます。しかし、まち全体に氏名を公表される人の不利益は大きいですよね。

　実際、自治体が公表という手法を積極的に採用しているのは、以下の理由によるものです。

---

　①　罰則を設けると関係官公署との調整が必要となるが、公表は罰則ではないので、調整が不要である。
　②　自治体の意思に従わない者の氏名などをさらすことができるので規制効果が大きい。

　結局、罰則として、あるいは、それ以上の効果があることを見込んで公表を規定しているのです。

〔行政指導に公表が組み合わされる理由〕

　次に、なぜ、行政処分ではなく行政指導に公表が組み合わされていることが多いのでしょうか。それは、命令（義務付け）を条例で規定した場合、法律にない規制をその自治体だけで創設することになり、法律違反（あるいは憲法違反）となる可能性があります。そこで、規制はせずに、任意の行政指導にとどめ、法律との抵触関係を回避しているのです。

　「行政指導＋公表」の手法を客観的に（少し辛めに）評価すると、「行政処分ではない（行政指導）」＋「罰則ではない（公表）」＝「だから違法にはなりようがない。どうだ、文句が言えないだろう！」という構造なのです。人権感覚に欠けた一つの脱法システムでもあると言えます。

〔公表における弁明手続きが意味するもの〕

　行政指導に従わなかった者に対して、公表する前に、従わなかったことについて、弁明の機会を与えている例があります。弁明の規定を設ける理由は、公表されることについての不利益における行政手続の確保です。

　しかし、公表が罰則的なものではないのなら、弁明の機会を与える必要はないでしょう。条例で弁明の機会を与えているということは、その自治体自らが、公表が罰則的なものであると認めていることになります。後ろめたさの表れで

すね。

〔条例による公表の採用は慎重に〕

　行政指導に従わなかった場合に、指導を受けた者の氏名を公表するという手法自体は、一般的には、違法ではありません。そのことは、ここで、しっかりと確認しておきます。条例で「指導＋公表」の規定を設けることは可能です。

　しかし、その際は、氏名を公表される住民や団体の実質的な不利益を考えながら、（罰則ではないが）罰則以上の慎重な検討や議会での審議が必要です。罰則を設ける際に最大の課題となる比例原則（違反行為と罰則の重さがつりあっていなければならない）は、公表についても必要な考え方です。

　行政処分したい対象を行政指導に、罰則を公表にすり替える、そうすれば、すぐに実質的な規制条例ができる……「指導＋公表」というしくみを、そのような「お手軽な実効性担保の手法」として用いるべきではありません。

第5章 条例・規則・要綱のしくみ

はじめに
////////////////

　自治体には、条例、規則、委員会規則、企業管理者の規程、要綱、訓令など多くの種類のきまり（ルール）があります。これらきまりのことを総称して「規程」と呼びます。

　「規程」とは「きまり」を指す一般名詞です。建築物に例えれば、役場や学校が法律や条例で、建物が規程に相当します。しかし、「○○規程」という形で個別の規程の名称に使われることもあります。

　自治体の規程はそれぞれに効力が違います。各規程の内容だけではなく、その規程が与えられている効力を理解することが大切です。

I　まずは、考え方を身につけよう！
//

■ 自治体における規程の種類（形式）

　自治体で制定される規程には、以下のものがある。

> ① 条例……議会の議決で成立
> ② 規則……長、教育委員会、人事（公平）委員会が制定
> ③ 規程……企業管理者が制定
> ④ 要綱、訓令など（以下、「要綱」）……長、委員会、企業管理者などが定める。

■ 自治体の規程の法的な効力

　自治体の規程は、「A 住民の義務を決定できる効力」及び「B 住民の権利を決定できる効力」を持っているかどうかという観点から分類される。

> **A 義務を決定できる効力**
> 　契約（個別の住民との合意）がなくても、住民に義務を課し、あるいは、住民の権利を制限することができる効力。

　└　この効力を持っている規程は、義務を課す規定や義務を課す行政処分の
　　　根拠となることができる。

> **B 権利を決定できる効力**
> 　契約の代わりに住民に権利を与えることができる効力。

　⌐　この効力を持つ規程は権利を与える規定や権利を与える行政処分の根拠
　となることができる。

　　しかし、他の住民に対する権利（例：相続権、賃借権）や社会的な権利
　（例：特許権、鉱業権）を自治体の規程で与えることはできない。それは、
　国や社会のしくみにかかわる事項であり、憲法や法律だけが担える役割で
　ある。

　　自治体の規程で決定できる住民の権利は、自治体が所有している財産を
　使用する権利や自治体から金銭の配分を受ける権利（例：補助金、給付金
　の交付）に限られる（本書では、「金銭等受給権」と呼ぶ）。

〔条例、規則、要綱の効力と法令の根拠との関係〕

　自治体が住民の義務や金銭等受給権を決定する効力（A・B）を持つ規程を
創ることは、自治体が当然に有している権能ではない。自治法などによって決
められた国における地方自治のしくみや個別の法律によって、はじめて与えら
れるものである。

　したがって、自治法などの法律で「自治体は、○○を定めることができる」
とされた規程（○○）でなければ、住民の義務や金銭等受給権の根拠となるこ
とはできない（A・Bの効力はない）。

　①条例、②規則及び③規程は、自治法などの法律に、「自治体（あるいはそ
の執行機関など）は、○○を定めることができる。」という根拠がある（自治
法14条、15条、地方公営企業法10条）。しかし、④要綱については、法令の
根拠はない。

　これは、①、②、③は、A住民の義務、あるいは、B住民の金銭等受給権を
決定できる効力を持つ規程であるが、④は住民の義務や権利に関する効力を持
たない規程であることを意味する。この「住民の義務や権利に関する効力を持
つ規程」という意味において、①、②、③を「法」と呼ぶことがある。

　さらに、住民の義務を決定するためには、自治法の根拠だけではなく、契約
（住民の合意）に代わるもの、つまり、住民の代表である議会の合意が必要で
ある。①、②、③のうち、①は議会の議決を経て制定される。よって、①のみ

がA住民の義務を決定することができる（自治法14条2項）。

　長、委員会、企業管理者は、各行政分野の責任者であることから、住民の権利や義務には直接関係のない、その権限の範囲にある内部的な事項については、法律の根拠がなくてもその権限に基づいて、当然に、規程を定めることができると考えられる。それが、④の要綱である。

〔条例、規則、要綱の効力の違い〕
　自治体における各規程が持っている効力は以下のとおりである。
①条例…A（義務）及びB（権利）
②規則及び③規程…B（権利）
④要綱…住民の権利や義務に関する効力を持たない。

> 例1：犬の放し飼いを禁止し、違反した者に犬を係留するよう命令を出すことができる規程を設けたい。
> 　　・犬の放し飼い禁止（係留義務）…Aの効力が必要
> 　　・違反者に対する係留命令（行政処分）…Aの効力が必要

↳　①条例でなければ規定できない。

> 例2：新たな給付金制度を設けたい。
> 　　・条件に該当する住民は給付金の対象とする（金銭等受給権）
> 　　　　　　　　　　　　　　　　　　　　　…Bの効力が必要
> 　　・申請による給付決定（行政処分）…Bの効力が必要

↳　①条例又は②規則③規程でなければ規定できない。

　例2の制度を要綱で設けた場合には、要綱が民間の契約における契約書のひな形（約款）の役割を果たす。要綱の内容に従って自治体と住民とが給付金の贈与契約を締結することとなる。要綱を根拠として、「申請─決定（行政処分）」という方式による給付を行うことはできない。

地方自治法（一部略）（下線筆者）

　条例の制定及び罰則

第14条　普通地方公共団体は、法令に違反しない限りにおいて第2条第2
　項の事務に関し、条例を制定することができる。

2　普通地方公共団体は、義務を課し、又は権利を制限するには、法令に特
　別の定めがある場合を除くほか、条例によらなければならない。

　規則

第15条　普通地方公共団体の長は、法令に違反しない限りにおいて、その
　権限に属する事務に関し、規則を制定することができる。

地方公営企業法（下線筆者）

　（企業管理規程）

第10条　管理者は、法令又は当該地方公共団体の条例若しくは規則又はそ
　の機関の定める規則に違反しない限りにおいて、業務に関し管理規程（以
　下「企業管理規程」という。）を制定することができる。

	条例	規則 委員会の規則 企業管理者の規程	要綱、訓令 規程、通知など
・義務を課す ・権利を制限する	○	×	×
自治体から金銭の給付等を 受ける権利を与える	○	○	×

図5－1　条例、規則、要綱の効力

3 条例の効力（義務付け以外の条例事項）

　住民の義務に関するもの以外にも、法律で「条例で定める」、つまりは、「条
例で規定しなければならない」とされている事項が、数多くある。いずれも、
自治体における重要事項であり、条例の制定を通して住民の代表である議会が
決定すべきとされている事項である（例：公の施設の設置、使用料、手数料、
給与・報酬など）。

　短期に雇用する非常勤職員の報酬を条例で定めずに（要綱や個別の決裁など
で）支給している自治体も散見される（自治法203条の2）。

4 規則・規程の効力（制度上の規則と実態上の規則）

（1）規則等の分類

　長や委員会の規則や企業管理者が定める規程（規則等）は、その役割から、以下の二つに分けて理解することが必要である。

---

　①　制度上の（本来的な）規則
　②　実務上の（法令や条例の委任を受けた）規則

---

① 制度上の規則等

　規則・規程は、執行機関や企業管理者がその権限の範囲内で定めるものである（自治法 15 条、地方公営企業法 10 条など）。

　規則・規程は、住民に義務を課す効果は持たないが、住民が自治体から金銭の配分を受け、あるいは、自治体の財産を使用する権利（金銭等受給権）を発生させる効果がある（自治法 15 条 1 項など）。住民の一定の権利を自治体が一方的に発生させることができる規程という意味では、規則・規程は法である。

例：補助金交付決定の根拠である補助金交付規則

　　　規則は条例のように住民の義務を決定することはできない（条例よりも、その効力が劣る）が、条例との間で法律と政令や省令との間のような上下の関係はない。

② 実態上の規則等

　国には、法律の下に政令や省令という規程がある。政令や省令は国会の議決は不要であり、内閣や大臣が定める。よって、法律で「○○については政令で（省令で）定める」と規定（政令や省令に「委任する」という）することによっ

	制度上の規則	実態上の規則
補助金交付規則 財務規則 事務分掌規則	○	×
条例の委任を受けた規則	×	○

図 5 − 2　制度上の規則と実態上の規則

て、許可書の様式などの手続的な事項や比較的軽易な許可条件などを社会情勢の変化などに応じて機動的に変更することができる。

しかし、自治体の条例は下位の規程を持っていない。そこで、規則等が、本来の役割とは別に「条例から委任された細目的事項を定める」という役割も担っている。具体的には、「○○については規則で定める」という形で、法令（法律、政令、省令）や条例の委任を受けて、以下ａｂを規定している（委任規則。「実態上の規則」）。

ａ　本来は、法律や条例でしか規定できない住民の義務に直接関係する事項

ｂ　法令や条例の規定に関係する手続や細目に関する事項

ほとんどの条例が、一定の事項を規則に委任しているので、各自治体には、ほぼ条例の数だけ委任規則（実態上の規則）が存在する。また、実態上の規則のほうが制度上の規則よりも相対的に多数なので、一般に、自治体の規則といえば、制度上の規則よりもこの「実態上の規則」がイメージされる。

ア　例１：条例

A市動物の愛護及び管理に関する条例

（飼い犬の係留）

第１２条　犬の飼い主は、飼い犬が人畜その他に危害を加えることがないよう、当該飼い犬を、丈夫な鎖若しくは綱をつけてつなぎ、若しくは保持し、おり若しくはさくの中に入れ、又は障壁を設けて収容することにより、係留しておかなければならない。ただし、次の各号のいずれかに該当する場合は、この限りでない。

（1）　警察犬及び狩猟犬をその目的のために使用するとき。

（2）　前号に掲げる場合のほか、規則で定めるとき。

（係留されていない飼い犬等の収容）

第１９条　市長は、前項に規定する収容を行うため、職員をして、飼い犬等を捕獲させることができる。

2　職員が飼い犬等の捕獲に従事するときは、その身分を示す証票を携帯し、関係人の請求があったときは、これを提示しなければならない。

（委任）

第29条　この条例に定めるもののほか、この条例の施行に関し必要な事項は、規則で定める。

イ　例2：条例の委任を受けた規則

A市動物の愛護及び管理に関する条例施行規則

（趣旨）

第1条　この規則は、A市動物の愛護及び管理に関する条例の施行に関し必要な事項を定めるものとする。

（係留の除外）

第3条　条例第12条第2号に規定する規則で定めるときは、次に掲げるときとする。

　（1）　人畜に危害を加えるおそれのない場所又は方法で飼い犬を展覧会、競技会その他これらに類する催しに出場させるとき。

（犬捕獲従事者証）

第4条　条例第19条第2項に規定する証票は、第2号様式のとおりとする。

　＊第3条は条例からの委任がなければ規定できない内容（a）。第4条は、委任がなくても規定できる内容（b）。

ウ　例3：本来の規則

A市補助金等交付規則

（目的）

第1条　この規則は、補助金等の交付の申請、決定等に関する事項その他補助金等に係る予算の執行に関する基本的事項を規定することにより、補助金等に係る予算の執行の適正化を図ることを目的とする。

（補助金等の交付の申請）

第5条　補助金等の交付の申請（契約の申込を含む。以下同じ。）をしようとする者（以下「申請者」という。）は、次に掲げる事項を記載した別に定める申請書を市長に提出しなければならない。

　（1）　申請者の氏名または名称及び住所

> (2)　補助事業等の目的及び内容

（2）規則、委員会規則、企業管理者の規程の比較

　長だけでなく、教育委員会、人事（公平）委員会は委員会規則を、企業管理者は規程を定めることができる（自治法138条の4第2項、地方教育行政法15条1項、地方公務員法8条5項、地方公営企業法10条など）。

　これらの規程の効力は、規則と同じである。教育財産の管理権は、教育委員会にあるので（地方教育行政法21条2号）、教育財産の使用に関する教育委員会規則を制定することができる（地方教育行政法15条1項）。

　水道事業などの企業管理者は、財産管理権だけではなく予算執行権も持っている（地方公営企業法9条7号・8号）ので、規程で住民の金銭等受給権を定めることができると考えられる（例：水道事業に関する補助金交付規程）。

5　要綱の効力（法的な効力はない）

　要綱は、行政内部の事項、住民に対しての行政指導に関する事項、条例や規則の運用に関する事項（補助金交付の要件など）などを定めるために多くの自治体で制定されている自治法に根拠のない「実態上の形式」である。

　よって、「要綱とはどんな規程なのか？」という問いには、「その自治体で、要綱（と呼ばれている規程）をどんな場合に用いる形式だと決めているのか？それ次第だ。」と回答することになる。

　「住民の義務や権利については定めることができない」という限界の範囲内で、要綱の有無やその名称も含め自治体の数だけ、要綱のあり方が考えられる。

（1）法令や条例、規則の委任を受けた要綱

　要綱が住民の義務や金銭等受給権にかかわりを持つためには、法令や条例又は規則や規程から、住民の義務や金銭等受給権を定めることについて委任される必要がある。要綱は、地方自治の法制度の中で、その存在が予定されていない。よって、条例などから義務や権利に関する事項を委任される際には、条例から規則への委任のように「○○については要綱で定める」ではなく、「○○については長（委員会）が定める」という委任規定が置かれることになる。

（2）長や委員会の権限に基づく要綱

　長、委員会、企業管理者が規則や規程ではなく、その権限の行使に関し、要

綱を制定する場合がある。制度的なものではないが、実態上、主に以下①～④
のパターンが見られる。

① 行政指導の要綱

　長などが現在施行されている法律の規制では不十分であると考える場合に制
定する要綱。条例を制定すれば、住民に義務を課すことができるので、法律以
上の規制をその自治体で実現することも理論上は可能である。

　しかし、実際には、条例で当該自治体だけに特別の規制を設けることは基本
的人権の過度な規制であるとして違法となる場合も少なくない。

　そこで、要綱によって、強制力のない行政指導の規定を設ける場合も多い。

② 補助金交付要綱

　個別の補助金の交付額や交付条件を定めた要綱。補助金については、多くの
自治体で補助金交付の手続などの補助金に関する共通ルールを定めた補助金交
付規則が存在する。そのうえで、個別具体の補助金メニューにおける制度の目
的、交付条件、交付額、さらには、補助金交付規則の委任を受けて、その補助
金制度に必要な補助金交付規則の例外を要綱で定めることが通常である。

③ 契約関係の要綱

　委託契約や普通財産である土地の売買契約などの「ひな形」として作られて
いる要綱。自治体からの受注を希望する者にとっては、契約条件の役割も持つ。

④ 解釈要綱

　法律、政令、省令、条例、規則などの解釈・運用の基準を定めている要綱。
法律や条例には解釈の余地や裁量の幅が存在する。その余地や幅の判断や行使
の条件を定めた要綱である。条例に「その他市長が必要と認めるとき」という
規定がある場合などに、それがどんな「とき」なのかを定めるものである。

Ⅱ　理解を深め、思い込みを解消しよう！

１ 条例における「義務（付け）」の意味

　住民に義務を課すことについては、条例でしか有効に規定できない。したがっ
て、住民の行為を規制する場合は、○○条例を制定することになる（例：路上

喫煙禁止条例、空き家対策条例）。

　しかし、「義務を課す」とは創設的に新たな義務を決定することを指す。よって、条例で許可制度を設けた場合において、許可の対象となる行為（営業など）を止めたときに許可書を返還する「義務」などは条例で定めた義務の枠の中の手続的義務であるから、規則、委員会規則及び企業管理者の規程でも有効に定めることができる。ただし、住民の義務に関することなので要綱で定めることは不適当である。

❷「権利義務に関係ない事項は条例にできない」は間違い

　条例は、住民の義務を決めることができる自治体唯一の規程である。しかし、住民の義務に関係のない事項、例えば、計画的な内容や理念的な内容も条例で定めることができる。

　法律や政令・省令で「執行機関（規則）が定める」と規定されている事項や執行機関の権限とされている事項以外は、条例の対象である。

❸　委任規定がある場合の規程の効力

　法律やその委任を受けた政令や省令（法令）で「条例で定める」、「規則で定める」と、規程を指定している場合も少なくない。

　その際は、住民の義務を定めることができる法律からの委任（法律から効力を譲渡されること）があるので、各規程それぞれの本来の効力は考える必要はない。住民に義務を課す内容であっても、規則で定めることができる。

　規則に住民の義務を課す内容が規定されている場合はその前提として、「①法律」、「②法律の委任を受けた政令・省令又は条例」、「③条例」のいずれかによる委任が存在しなければならない。

❹　規則と委員会規則の間に優劣はない

　長が定める規則は、各委員会の規則や企業管理者の規程より上位にあるという意味の規定がある（自治法 138 条の 4 第 2 項など）。

　しかし、長の権限、各委員会の権限及び企業管理者の権限は、それぞれに分かれており、規則や規程は、それぞれの執行機関などの権限に基づいて制定される。よって、規則や規程が互いに競合することはなく、実際には、優劣の問題が生じることはない。どの規則や規程もそれを制定した長や委員会などの権限に基づいて自治体全体に効力が及ぶ。

5 制度上の規則と実態上の規則との共通点

　条例による「規則で定める」という規定を受けて制定された規則の中には、条例で設けられた許可制度について、許可書の様式などの条例の施行における手続的事項を定めた規則も多く見られる。

　これらの規則は、条例の執行権（ここでは、当該許可の権限）が長などの執行機関にあること（例：「市長は許可する」）から、実態上の規則であるだけではなく、制度上の規則でもあると考えられる。

　言い換えれば、許可書の様式などを規則で定めることについて、条例による「規則で定める」という委任規定は絶対的に必要なものではない。

6 条例から規則への委任のあり方

　いったん、条例から規則へ委任した事項は、条例改正の対象となりにくい。よって、規則に委任した部分については、実質的に議会の条例制定（改正）権が縮小することとなる。

　条例案を審議する場合には、条例から委任を受けている規則がどのような内容になるのかということもあわせて検討しなければならない。条例施行規則の案も参考資料として提出させるべきである。また、既存の条例を見直す際にも条例施行規則の内容や規則への委任の適否について確認する必要がある。

おわりに～復習とさらなる理解のために～

1 条例、規則、要綱の効力

　ここに、一つの規程（ルール）があります。

A市動物の愛護及び管理に関する○○

第×条　市長は、犬の飼い主に放し飼いにしている犬をつないでおくよう命ずることができる。

　では、○○に、「条例」「規則」「要綱」をそれぞれ入れた場合に犬はどうなるでしょうか。どの規程でも、犬はおとなしくつながれる（実際には、飼い主がつなぐ）のでしょうか。

　この条文が社会のルールではなく単なる文章であるのなら、条例でも規則でも要綱でも規程のタイトルが違うだけであり、「犬をつなぐよう市長が命令できる」という国語的な意味が変わることはありません。

〔条例の効果～行政処分ができる～〕

　「命令」とは、相手に対し、その内容に従う義務を発生させる効果を持った意思表示です。とにかく、どんな規程でもいいから命令を定めれば、その命令に従わなければならないというのでは、民主的な社会とは言えませんね。一方的な服従関係です。

　そこで、住民の代表である議会で話し合って、「わがまちには、住民にこの義務を守ってもらう必要がある」と決められた場合にだけ、その義務を守らない人に対して、命令ができるという社会システムが必要です。そのシステムが「条例（の制定）」です。

　「義務」やそれを守らせるための「命令」は、自治体の場合は条例、国の場合は法律という、いずれも議会で決定した規程でないと「命ずることができる」と規定しても、命令の相手方に対して命令の内容に従う義務を発生させることはできないのです。

〔規則、要綱の効果～行政指導しかできない～〕

　議会で定めた規程ではない、規則や要綱で「命ずることができる」と規定しても、それは、行政処分の効果は発生しません。「命令」の相手方は、それに従う義務はありません。その「命令」は、「行政指導」という自治体からのアドバイスやお願いとして社会的な役割を果たすことになります。

　「犬をつないでおくよう命ずることができる」が以下のいずれかのような意味になるのです。

> A「犬をつないでください。ご協力をお願いします。」
> B「人を噛んで賠償責任を負わされる前につないでおいたほうがいいですよ。」

　これが、条文を「読む」ことと「解釈」することとの違いの一つです。

　「指導」というと強く一方的な意思表示のような印象を受けますが、義務を発生させるものではありません。

〔行政処分か？ 行政指導か？〕

では、テストをしてみましょう。

①〜⑥に「行政処分（命令）」あるいは「行政指導（お願い）」のどちらかを記入してください。

規程	条文の表現	
	命ずる	指導する、助言する、勧告する
条例	①	④
規則	②	⑤
要綱	③	⑥

ヒント：行政処分であるためには、「条例であること」、「表現が『命ずる』など義務付けを意味していること」の二つの要件が必要です。

正解は以下の通りです。

① 「条例」で、「命ずる」なので、行政処分
② 「命ずる」ですが、「規則」なので、行政指導
③ 「命ずる」ですが、「要綱」なので、行政指導
④ 「条例」ですが、「指導する」なので、行政指導
⑤ 「規則」であり、「指導する」なので、行政指導
⑥ 「要綱」であり、「指導する」なので、行政指導

みなさん、きっと、全問正解でしたね。

2 条例と規則との違い

〔条例と規則が存在する理由〕

自治体は条例を制定できます（自治法14条1項）。自治体の法（住民の権利や義務を決めることができる規程）としては、ほかにも「規則」があります（同法15条1項）。条例は議会の議決が必要ですが、規則は長が定めます。規則の成立には、議会の議決は要りません。

どちらも同じ役割だったら、条例・規則のどちらか一つでよいはずです。だから、どこかが違うはずです。どこが違うかというと、住民の義務を決めたり、権利を制限して許可制度を設けたりする（許可がないとその行為が行えないよ

うにする）ことは、条例でしかできないというところにあります（同法14条2項）。

　規則で義務や許可を定めるのが違法なのではなく、規則で定めても効力がない、つまり「無効」となるのです。

　その理由は、「自治法14条2項があるから」だけではありません。それでは、説明になっていません。「なぜ、自治法14条2項が存在して、その規定が正当なものだといえるのか。同項の趣旨は何か。」を明らかにすることが、法的な「なぜ？」に対する意味のある答えになります。

〔条例が義務や許可を規定できる理由〕

　条例は議会という住民総会で決定しているので、住民にとって最も大切な事柄である義務と権利制限（許可）を決めることができるのです。

　住民みんなで話し合って決めたことではない義務はみんなの義務にはならないということは、物の通りです。町内会や自治会でも、会費を値上げするときは、総会で決めます。会長一人で決めることはできません。

　会則で「会長が会費を決定する（ことができる）」と規定していても、それは、当然に無効だと考えられます。会長が会費決定の権限を持っているとしたら、その町内会は本来的な意味での町内会ではないということになります。

〔法という道具を活かす条件〕

　法律の条文や法的な課題には、難しいイメージがつきまといますが、より分かりやすい言葉に置き換えれば、そこには、だれもが納得する「物の通り」が現れます。法の解釈にはその「置き換え」の能力が欠かせません。

　むしろ、ものごとの本質を捉えて（いつも本質を見ているという心の習慣を持っていて）、上手にものごとを説明することができる能力を持っている人が法という道具を活かすことができるのでしょう。その意味で、法務能力を獲得する意思や努力は、ほかのスキルを獲得しようとする場合のように、人としての一般的・日常的な能力の不足を打開するきっかけにはならないのです。

　いずれにしろ、「大事なこと（義務）はみんなで決める」を自治法14条2項は、条文にしただけです。法律や条例で社会が回っているのだから、法務の基本的なしくみにサプライズ（「えっ！？そうなの？」）があれば世の中がおかしくなります。

　「議会＝権利義務」の法的な公式は、その理由（議会が決めるから）も含め

てしっかりと理解しましょう。国に置き換えると法律でしか「義務と許可」を有効に定めることができないことを意味します。つまり、条例は、義務と許可を定めることができるという意味で「自治体の法律」なのです。

日本国憲法（一部略）

第７３条　内閣は、他の一般行政事務の外、左の事務を行ふ。

　六　この憲法及び法律の規定を実施するために、政令を制定すること。

内閣法

第１１条　政令には、法律の委任がなければ、義務を課し、又は権利を制限する規定を設けることができない。

国家行政組織法（一部略）

第１２条　各省大臣は、主任の行政事務について、法律若しくは政令を施行するため、又は法律若しくは政令の特別の委任に基づいて、それぞれその機関の命令として省令を発することができる。

３　省令には、法律の委任がなければ、罰則を設け、又は義務を課し、若しくは国民の権利を制限する規定を設けることができない。

第6章 行政組織のしくみ

はじめに
////////////////

　自治体には、「組織」が存在します。組織とは、今、みなさんの目の前に拡がっている「○○課」の物理的な空間や、そこでしごとをしている人たち自体を指すのではありません。

　自治体の組織とは、行政処分や契約などにおいて、自治体の意思を決定するための「しくみ（システム）」のことです。部課、役職、専決（決裁）などに関する規程によって、成り立っています。

　自治体組織の構成要素である、自治体（事務）、執行機関（権限）、補助機関（処理）、それぞれの意義と役割について、少しくわしく確認してみましょう。

Ⅰ　まずは、考え方を身につけよう！
///

■ 自治体組織のあらまし

　自治体の組織の原則的な部分は、自治法などの法律によって、あらかじめ、決められている。

　自治体は、地域の事務（しごと）を行うために設けられた法人である（自治法2条）。また、長や委員会は、自治体の意思を決定する執行機関である（同法138条の4）。そして、職員は執行機関の指示に従う補助機関である（同法161条など）。

　自治体の事務は、以下のしくみで行われている。

①自治体（法人）が事務を担い
②執行機関が事務に必要な決定を行う権限を持ち
③補助機関が実際に事務を処理する

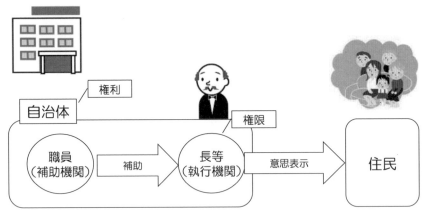

図6-1　自治体の事務が行われるしくみ

地方自治法（一部略）

第2条　地方公共団体は、法人とする。

第138条の4　普通地方公共団体にその執行機関として普通地方公共団体の長の外、法律の定めるところにより、委員会又は委員を置く。

2　普通地方公共団体の委員会は、法律の定めるところにより、法令又は普通地方公共団体の条例若しくは規則に違反しない限りにおいて、その権限に属する事務に関し、規則その他の規程を定めることができる。

3　普通地方公共団体は、法律又は条例の定めるところにより、執行機関の附属機関として自治紛争処理委員、審査会、審議会、調査会その他の調停、審査、諮問又は調査のための機関を置くことができる。ただし、政令で定める執行機関については、この限りでない。

第161条　都道府県に副知事を、市町村に副市町村長を置く。ただし、条例で置かないことができる。

2　副知事及び副市町村長の定数は、条例で定める。

第172条　前11条に定める者を除くほか、普通地方公共団体に職員を置く。

2　前項の職員は、普通地方公共団体の長がこれを任免する。

❷ 自治体（法人）とは

（1）法人の意味

　法的な意味においては、権利や義務を持つことができる存在を「人」という。「法的」とは、「権利と義務に関して（は）」という意味も持っている。「〇〇法（条例）に照らして」という、個別の法律や条例へのあてはめの場面だけに、狭く使われるべき言葉ではない。

　法的な意味での人は、人間だけではない。法人も人である。法人とは、自治体、株式会社、ＮＰＯ法人などのことである。法律上の手続を経ることによって設立（誕生）され、人間と同じように、契約したり、土地や建物を所有したりできる存在になる。

　一方で、法人は法的には確かに「人」であるが、人間とは違って、実体はない。例えば、A市の市長であるX氏は人間であり、A市は法人である。どちらも法的には、「人」だ。しかし、X市長を見た人はたくさんいるが、A市に会うことは、だれにもできない。

　法人とは、意図して創られた存在（しくみ）であり、制度である。いわば、「（法的な）みなし人間」である。法人が存在（実在）するのではなく、「法人という人が存在するとみなす」のである。「社会全体で、〇〇市や××（株）という人が、ここにいると認識することにしましょう」、つまり「みんなで、『法人ごっこ』をしましょう」というのが法人制度の趣旨である。

（2）法人についての理解

　法人のように、見えない、実体のないものを実感するというのは、なかなか難しい。苦手な人も少なくないと思われる。論理的な思考に自信がある（いわゆる「頭のよい」）人でも、うまく理解できないかもしれない。法的な思考と論理的な思考では、頭脳の使う部分が違う。「１＋１＝２」とは別の意味での「理解」が、法人というものを捉えるためには必要となる。

　いずれにしろ、あまり記述的に説明すると、実体があるもののように思えてきて、法人の本質が分からなくなってしまう。

　「法人」を理解するためには、どこかで、適度な論理性を備えた分かりやすい解説に出合う機会を得なければならない。そのうえで、その解説を土台にして、自分自身が本当に納得でき、また、自分の言葉で分かりやすく語ることができるオリジナルの説明方法を、自分の中に持つことが大切である。

（3）法人という人を創り出す意味

　法人は、団体のために活動する人（人間）について、①と②とを、分けるために作られる。

> ①　団体のために行ったことから発生する権利や義務
> ②　個人としての活動から発生した権利や義務

　例えば、X市長がA市の市長として行ったことと、X市長がプライベートで行ったこととは、そもそも目的が異なる。前者はA市のためであり、後者は自らの事情によるものである。

　でも、外形的にはどちらもX市長の行動に見える。さらに、行為の結果（権利や義務）は「人」しか負うことができないから、どちらの結果についても、X市長が責任を負うことになってしまう。A市のための契約であっても、X市長が代金の支払い義務を負うことになるし、住民から徴収した税金も市長のものになってしまうのである。

　そこで、A市という人が存在するということにしておいて、A市も人間と同じように、契約などの法的な社会活動の主体として位置づけている。そうすれば、X市長が「A市の市長」として行ったことと、「Xさん」として行ったことを、きちんと分けることができる。

❸ 法人における機関の必要性

　では、人（人間）が、どのように法人のために機能しているのかを確認する。人間であれ法人であれ、法的な人、つまり権利や義務の主体は、契約をしなければ社会の中で活動できない。

　しかし、法人は自分では契約はできない。人間なら必要となる意思表示（「買う」と告げる。契約書にサインをする）を行うことができるが、みなし人間である法人にはそれができない。

　そこで、①②の人が法人の内部に必要となる。

> ①　法人に代わって法人のために意思決定を行う者（人間）
> ②　①の意思決定を補助する者（人間）

　これらの法人の意思決定や補助を担う者（人間）のことを、法人の「機関」という。

4 自治体の機関

　自治体においては、長や委員会が機関として、自治体の意思決定を行っている。自治体の機関のうち、自治体の意思（契約や行政処分）を自治体に代わって、決定する権限を持っている長や各委員会を「執行機関」という。

　委員会の場合は、複数の委員が議論して決定を行う合議体が執行機関となる。教育行政の意思決定機関は、教育委員長や教育長ではなく教育委員会である。

　執行機関を補助する機関、つまり、副知事、副市町村長以下の自治体職員が「補助機関」である。執行機関の意思決定の補助（起案など）をする役割を担っている。

　執行機関の意思決定を補助機関がサポートするというしくみ自体は、民間団体においても同じである。代表者や従業員が同じ働きをしている。彼らもその法人の機関である。

　自治体では、「執行機関＋補助機関」の単位で、各行政分野の事務（しごと）を進めていく。例えば、福祉の分野であれば「長（執行機関）＋職員（補助機関）」、教育は「教育委員会（執行機関）＋職員（補助機関）」が行政を担う。

　一般的な自治体においては、教育委員会事務局も福祉部も、同格の「部」とされている。これは、長の下に各部が置かれているのと同じように、教育委員会の下に部としての教育委員会事務局があるのだということを意味する。教育委員会が部相当の存在なのではない。

5 執行機関

　自治体組織において、最も重要な役割を果たしている機関は執行機関である。執行機関は、自治体に代わって（自治体を代表して）自治体の意思を決定し、それを住民に示す権限を持っている。主な権限としては、許可、契約、計画などの決定権限が挙げられる。

　自治体の執行機関は、自治法などの法律で決められている。自治体ごとに独自の執行機関を作り出すことはできない。全国一律のしくみである（自治法138 条の 4 第 1 項）。

　市町村の執行機関としては、長、教育委員会、選挙管理委員会、公平（人事）委員会、監査委員、農業委員会、固定資産評価審査委員会がある（自治法 180 条の 5 第 1 項〜 3 項）。

　各委員会は、委員が話し合って権限を行使する。監査委員は、制度としては、各監査委員が権限を持っているという建前がとられている。

⑥ 機関の権限

　法人の機関が、法人の意思決定を行うためには、相当な地位と責任、つまり、決定権が必要となる。言い換えれば、法人の活動のさまざまな場面において必要となる（要求される）意思決定について、だれが責任者なのかを決めておかなければ、法人は機能しない。

　その法人とやり取りをする相手方においても、その機関の意思表示が、本当に法人の意思として保障されるのかが確定していないと、契約の締結などを行うことができない。

　そこで、法令や法人内部の規程によって、明確にそれぞれの機関に相応の地位と責任が割り振られている。この地位と責任のことを「権限」という。

　機関は、与えられた権限を法人の設立目的や法人の活動を規律している規程に従って、行使しなければならない。「A市という法人が、人間であったとしたら、どう判断するだろうか？」という仮定のもとに、それぞれの機関は権限を行使しなければならないのである。

　法人の機関が行った行為の結果は法人に帰属する。例えば、物品の購入契約は、法人の代表者が行う（契約権限を行使する）が、契約代金の支払いの義務（債務）や物品に関する権利（所有権）は、法人が取得する。

例：業者との売買契約
 ① 　契約の決定権限→長（執行機関）
 ② 　契約の実務を行う権限→職員（補助機関）
 ③ 　代金支払義務と対象物の所有権→自治体（法人）

⑦ 法人の権利・義務と機関の権限

> ・　法人（人）は「権利」と義務を持っている。……権利義務の主体
> ・　機関は法人における「権限」を持っている。……権限の主体

　よく似た言葉であり、また、社会活動や自治体の業務で頻繁に使われる「権利」と「権限」との違いについての理解は、自治体法務において基本的で重要な事柄の一つである。

8「本来的権限」と「実質的権限」

　権限とは、本来は、法人の機関が「その事務（しごと）を行うための地位と責任」という意味である。よって、補助機関である自治体職員にも、権限（地位と責任）が必要となる。事務に携わる者は、必ず何らかの権限を持っており、権限がなくてもできる行為はない（ここでは、「本来的権限」という）。

　しかし、「権限」という言葉は、ほとんどの場合、契約又は行政処分を行うかどうかを最終的に決めることができる権限、つまり、住民の権利や義務を決定する権限（法的権限）だけを指す（ここでは「実質的権限」という）。

　実質的権限は、執行機関だけが有している。法律や条例における行政処分の「主語」が、実質的権限の主体を表している。「○○は許可する」の「○○」には、執行機関しかなれない。なお、「○○」として、法律から権限を与えられた執行機関のことを、その法律の規定（条項）における「行政庁」という。

　よって、法務においては、「執行機関には権限があり、補助機関（職員）には権限がない」という理解がなされているし、省庁からの通知や法律の教科書なども、「権限＝法的権限」という理解を前提として記述されていることが多い。

　「権限」とは、法的課題（住民の権利や義務に関する課題）を検討する際のキーワードとして、用いられているのである。その背景には、法的課題は他の課題と分けられる、つまり、住民の権利義務にかかわることなので、他の課題よりも重要であるという価値観が存在する。

　例えば、法律では、市町村道の管理権限は市町村長しか持つことができない

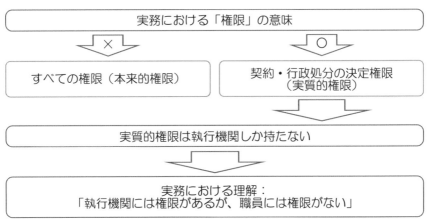

図6−2　「権限」の二つの意味（本来的な権限と実質的な権限）

（道路法16条）とされているが、実際には、道路の補修は民間団体に業務委託している。権限もないのに、道路の補修はできないはずであり、矛盾する。

　しかし、道路法がいう「権限」とは、実質的な意味での権限、つまり、道路占用許可などの、道路管理において必要な行政処分を行う権限だけを指している。道路の維持補修を業者に任せても、道路法違反（管理権限を違法に委任したこと）にはならない。

　「権限」の意味に限らず、法的な課題に行きあたった際には、「権利・義務」というキーワードを思い出すと、疑問を解決するきっかけになる。

９　各執行機関への権限の配分
　それぞれの執行機関に対して①どのような権限が②どのような考え方で配分されているのかを確認する。

（１）執行機関の権限配分における原則的な考え方
　自治体の事務を行う権限は、各執行機関に系統的に配分されていなければならない（自治法138条の３第１項）。一つの権限が複数の執行機関に重複していたり、どの執行機関の権限であるのかが不明確になっていたりしていたのでは、自治体の意思が正しく決定できない。

　そこで、基本的には、福祉や環境などに関することは長の権限、教育に関することは教育委員会の権限、選挙に関することは選挙管理委員会の権限というように、それぞれの事務分野別にその事務の執行に必要な権限が割り振られるべきであると考えられる。これが、自治体組織における権限配分の原則である。

	長	教委	教委以外の委員会	企業管理者
執行機関	○	○	○	×
権限	○	○	○	×
予算執行権	○	○	○	×
財産管理権	○	○	○	×

図６－３　自治体における権限配分（自治体組織の原則）

（2）自治法における執行機関の権限配分

　（1）の「原則」を土台として、自治法では、長が一元的に行使したほうが（長にその権限が集中していたほうが）効果的な権限については、すべて長が持つように、「原則」における権限配分を変更している（自治法149条、180条の6）。

　具体的には、以下①②などについて、自治法においては行政分野を問わず、すべて長の権限とされている。

①予算執行（契約など）の権限

②財産管理の権限

	長	教委	教委以外の委員会	企業管理者
執行機関	○	○	○	×
権限	○	○	○	×
予算執行権	○	×	×	×
財産管理権	○	×	×	×

図6－4　自治体の事務についての権限配分（自治法）

（3）個別法における執行機関の権限配分

　さらに、長からの独立性や中立性を確保する必要性から、自治法で長に集中させられた権限を、個別の法律が再修正している。

　その結果、長以外の執行機関のうち、教育委員会は、財産管理の権限を与えられている（地方教育行政法21条1号、2号）。教育委員会から見れば、自治法によって長から奪われた権限を地方教育行政法が取り返してくれたことになる。

	長	教委
執行機関	×	○
権限	×	○
予算執行権	○	×
財産管理権	×	○

図6－5　教育委員会の事務についての権限配分（地方教育行政法）

（4）個別法における企業管理者への権限配分

　水道局長などの企業管理者は、執行機関ではなく長の補助機関である。

　しかし、一部の企業管理者には、個別の法律によって財産管理の権限や予算執行権が与えられている（地方公営企業法9条7号、8号及び9号）。その結果、企業管理者は、長の補助機関であるにもかかわらず、長以外の執行機関が持っていない契約権限や長と教育委員会以外は持っていない財産管理の権限を持つ。

　企業管理者は長以外の執行機関（各委員会や監査委員）よりも、その所管する事務について完結的な広い権限を与えられているのである。

	長	企業管理者
執行機関	○	×
権限	×	○
予算執行権	×	○
財産管理権	×	○

図6-6　公営企業の事務についての権限配分（地方公営企業法）

（5）執行機関の権限配分のポイント（まとめ）

　執行機関及び企業管理者にはそれぞれ、担当する分野の事務を行う権限が縦割り的に与えられており、以下①②のとおりとなる。

①予算執行権は長と企業管理者だけが持っている。

　例：教育委員会の事務における契約権限は長にある。

②財産管理権は、長、教育委員会及び企業管理者だけが持っている。

　例：選挙管理委員会で使用する物品の管理権限は長にある。

	長	教委	教委以外の委員会	企業管理者
執行機関	○	○	○	×
権限	○	○	○	○
予算執行権	○	×	×	○
財産管理権	○	○	×	○

図6-7　自治体の事務についての権限配分（まとめ）

⑩ 個別の法律や条例による執行機関の指定（行政庁）

各執行機関への権限の配分は、自治体の事務におけるおおまかで一般的な権限の配分である。

その一般的な配分を踏まえたうえで、それぞれの法律や条例（法令）が、具体的な許可の権限などを特定の執行機関に与えている。法律や条例（法令）によって選ばれた執行機関のことを、「行政庁」という。

廃棄物の処理及び清掃に関する法律（一部略）

（一般廃棄物処理業）

第7条　一般廃棄物の収集又は運搬を業として行おうとする者は、当該業を行おうとする区域を管轄する市町村長の許可を受けなければならない。

この条文が意味するところは、以下のようになる。

---

①　この許可は市町村の事務である。

　　国、県、市町村（各地方公共団体）の中から「市町村」を、事務の主体として選択した。

②　この許可の事務を行う行政庁は市町村長である。

　　長、各委員会（各執行機関）の中から「長」を、権限の主体として選択した。

廃棄物処理法のこの規定は、一般廃棄物処理業の許可を市町村の事務としたうえで、許可の権限を市町村の執行機関の中から市町村長に与えている。これを「廃棄物処理法第7条の許可の『行政庁』は市町村長である」と表現する。

「執行機関」と「行政庁」は、どちらも自治体においてよく使われる用語である。「個々の法律によって責任者として指名された執行機関が行政庁である」と考えておくとよい。

⑪ 補助機関の役割

法令に規定されているのは、行政庁だけである。行政庁の権限の行使するための補助機関（副市町村長・副知事以下の自治体職員）は、それぞれの法令には規定されていない。

補助機関は、自治体内部の組織やしごとの進め方を規定した以下①②などの

内部規程に系統的に規定されている（自治法158条）。

> ①部（あるいは課。その自治体における一番大きな組織単位）設置条例
> ②組織規則

　この内部規程によって、法令が一律に執行機関を指定するのとは違い、自治体ごとに執行機関単位で独自の補助機関や補助機関の組織を以下①②のように設定することができる。

> ①廃棄物処理法7条は、市長を許可の行政庁として指定。
> ②同法7条によって市長に与えられた許可権限を行使するための補助機関としてK市の部設置条例及び組織規則で、環境部業務課業務第一係を指定。

　このように、行政庁は法令で指定され、補助機関は内部規程によって規定される。

🔢 専決のしくみ

　自治体の事務を行う権限は執行機関（行政庁）にしかない。しかし、すべてを執行機関（行政庁）である長が判断したり、教育委員会会議に諮ったりすることは困難である。

　そこで、定型的な判断しか必要のない、行使の要否や可否の判断がパターン化した権限については、あらかじめ執行機関が定める内部規程（事務決裁規程など）によって、「○○法××条の市長の権限に属する命令は課長決裁で行う」などと決められている。このしくみを「専決」という。

　専決は、自治体のしくみを規定している自治法などに定められた制度ではない。実務上、慣例化し、認められているものではある。裁判例などでも違法とはされていない自治体における意思決定の方法である。

　専決規程（事務決裁規程）で「課長決裁」と定められていても、起案のうえ、課長の決裁を受けて「市長名」で命令書を出す。つまりは、法令どおりに「市長が判断して命令を出している」という外形を整えなければならない。実際には、部長決裁や、課長決裁であっても、対外的には法令が指定した行政庁（その法令の規定における執行機関）が判断したことになる。

K市部設置条例

第1条　地方自治法第158条第1項の規定により、市長の権限に属する事務を分掌させるため、次の部を置く。

　環境部

　(1)　廃棄物の処理及び生活環境の清潔保持に関する事項

K市組織規則

　(組織)

第1条　K市部設置条例第1条に掲げる部の組織は、次のとおりとする。

　業務課業務第一係

　(事務分掌)

第3条　第1条の組織の事務分掌は、次のとおりとする。

　業務課業務第一係

　　廃棄物の処理及び清掃に関する法律第7条の許可に関すること。

	条例	規則など
一番大きな組織（局、部、課など）その担当事務	○	
上記以外の組織とその担当事務		○
専決に関すること		○

図6-8　補助機関に関する規程

🔟 附属機関の設置と運営

(1) 附属機関とは

　執行機関は、条例案や計画案を作成するため、専門家、関係団体の代表者、住民などによる審議会などを設置することができる。その審議会などを附属機関という（自治法138条の4第3項、202条の3）。

(2) 附属機関の設置

　附属機関は条例で設置しなければならない。執行機関が必要性を判断するものなので、本来は、規則や要綱で設置すべきであるとも考えられる。しかし、みだりに設置されることを防ぐために、設置条例案の審議を通して、議会がチェックをするしくみが採られている。

（3）附属機関の設置条例の形態

　附属機関の設置条例は、以下①〜③のいずれかとなる。

①個々の附属機関の設置だけを内容とするもの（例：○○審議会設置条例）

②その自治体の附属機関の設置をまとめて規定したもの。個々の附属機関については、条例の別表で規定する（例：○○市附属機関の設置に関する条例）

③特定の目的を達成するための政策を総合的に規定した条例の中で附属機関の設置についての規定を置くもの（例：中小企業振興条例）

（4）審議会の要綱による設置

　附属機関を設置するごとに、条例を制定又は改正するのが煩瑣であるなどの理由から審議会を要綱で設置している場合も多い。実務上、「私的諮問機関」、「市政運営上の会合」などと呼ばれており、条例で設置している審議会よりも要綱で設置しているもののほうが相対的に多くなっている自治体も少なくない。

　要綱で設置するためには、以下①②のいずれかが必要となる。

①その審議会が「○○だからこの審議会は附属機関ではない。よって、条例はいらない」との理由を示す。

②「附属機関である」とみなされるための手続きを回避する。

① 要綱で設置するための理由づけ

　要綱の設置を正当化するには、以下の理由が考えられる。ただし、いずれも、確実に適法性を確保するものである（条例で設置しない理由として十分である）とは言い難い。

ア　具体的な条例案などはまとめない。いわゆる「答申」は出さない。

イ　メンバーは住民だけ（あるいは住民が主体）であり、住民の意見を反映する場として設けているにすぎない。

② 要綱で設置するための手続き

　手続的な前提条件としては、以下の二つが必要となる。

ア　委嘱状を交付していない。あるいは、交付しているが非常勤特別職に任命することを意図するものではない。

　　委員に交付する「委嘱状」が非常勤特別職への任命を意味するのならば、その審議会は、附属機関でないと平仄が合わなくなる。なお、専門家の知見を求めるなら、審議会ではなく規則で専門委員（自治法174条）を置く方法

もある。

イ　委員（構成員）への支払費目は報酬ではなく報償費又は委託料などである。

　　報酬は職員に対して支給するものである。よって、報酬の費目で審議会出席の対価を支出すれば、それは、当該審議会が各委員を非常勤特別職とする附属機関であることを意味する。

　　報酬であれば条例が必要となる（自治法203条の2）ので、報酬条例に当該審議会等の委員についての規定がない場合に報酬で支給しているときは、それが附属機関であっても私的諮問機関などであっても違法な支出となる。

　これらの条件は、あくまで、どちらかでも欠けた場合には、要綱で設置していることが違法になるという、要綱設置のための消極的要件である。当然のことではあるが、要綱による審議会の設置を積極的に、かつ、確実に適法化できる条件や方策は存在しない。

	設置の根拠	「委嘱」の意味	対価の費目
附属機関	条例	非常勤特別職への採用	報酬
私的諮問機関	要綱等（＊1）	委託契約（＊2）	報償費又は委託料（＊3）

＊1．2．3のどの条件が欠けても「この審議会は、私的諮問機関である（附属機関ではない）。」という主張の前提がなくなる。

図6－9　附属機関と私的諮問機関

Ⅱ　理解を深め、思い込みを解消しよう！

■1 適用されない規定

執行機関における権限の配分は、とてもややこしい。

以下の 3 段階に分かれている。

> ①　原則・考え方
> ②　自治法における一般的な権限配分
> ③　個別法における最終的な権限配分

みなさんは「一つの法律に規定してくれたらいいのに、なぜ、自治法、地方教育行政法、地方公営企業法にばらばらに規定しているの？めんどうだなあ。」と思っていることだろう。

確かに自治法 149 条のうち、6 号と 7 号については、地方教育行政法 21 条が適用されるため、教育委員会の権限に関しては効力がない。

○自治法 149 条 6 号、7 号＜地方教育行政法 21 条 1 号、2 号

また、公営企業については、地方公営企業法 9 条が適用されるため、自治法 149 条のうち、6 号と 7 号だけではなく、さらに 2 号も適用されない。

○自治法 149 条 2 号、6 号、7 号＜地方公営企業法 9 条 7 号、8 号、9 号

一部について効力がなく、適用されない不完全な条文がそのまま残っている。これはおかしいことである。

地方自治法（一部略）

第 1 4 9 条　普通地方公共団体の長は、概ね左に掲げる事務を担任する。

　一　普通地方公共団体の議会の議決を経べき事件につきその議案を提出すること。

　二　予算を調製し、及びこれを執行すること。

　六　財産を取得し、管理し、及び処分すること。

　七　公の施設を設置し、管理し、及び廃止すること。

　九　前各号に定めるものを除く外、当該普通地方公共団体の事務を執行すること。

地方教育行政の組織及び運営に関する法律（一部略）

（教育委員会の職務権限）

第21条　教育委員会は、当該地方公共団体が処理する教育に関する事務で、次に掲げるものを管理し、及び執行する。

　一　教育委員会の所管に属する第30条に規定する学校その他の教育機関（以下「学校その他の教育機関」という。）の設置、管理及び廃止に関すること。

　二　教育委員会の所管に属する学校その他の教育機関の用に供する財産（以下「教育財産」という。）の管理に関すること。

（長の職務権限）

第22条　地方公共団体の長は、大綱の策定に関する事務のほか、次に掲げる教育に関する事務を管理し、及び執行する。

　四　教育財産を取得し、及び処分すること。

　五　教育委員会の所掌に係る事項に関する契約を結ぶこと。

　六　前号に掲げるもののほか、教育委員会の所掌に係る事項に関する予算を執行すること。

地方公営企業法（一部略）

（管理者の地位及び権限）

第8条　管理者は、次に掲げる事項を除くほか、地方公営企業の業務を執行し、当該業務の執行に関し当該地方公共団体を代表する。（以下略）

（地方自治法等の特例）

第6条　この法律は、地方公営企業の経営に関して、地方自治法並びに地方財政法及び地方公務員法に対する特例を定めるものとする。

（管理者の担任する事務）

第9条　管理者は、前条の規定に基いて、地方公営企業の業務の執行に関し、おおむね左に掲げる事務を担任する。

　七　当該企業の用に供する資産を取得し、管理し、及び処分すること。

　八　契約を結ぶこと。

　九　料金又は料金以外の使用料、手数料、分担金若しくは加入金を徴収すること。

　そこで、みなさんの心の声を私が自治法の条文にしてみると以下のようになる。

地方自治法（筆者修正）

第１４９条　普通地方公共団体の長は、概ね左に掲げる事務を担任する。

二　予算を調製し、及びこれを執行すること（ただし、公営企業の予算を除く）。

六　財産を取得し、管理し、及び処分すること（ただし、教育財産の管理及び公営企業の財産の取得・管理・処分を除く）。

七　公の施設を設置し、管理し、及び廃止すること（ただし、教育施設及び公営企業の施設の管理を除く）。

　地方教育行政法と地方公営企業法が制定された段階で、自治法をこのように規定すれば、地方教育行政法や地方公営企業法をいちいち確かめなくても済む。こちらの方がはるかに便利である。

❷ 一般法と特別法

　しかし、実際の法律の規定は、後から別の法律が制定され、適用されなくなった規定が生じたとしても、「ただし……については除く」と括弧書きを入れたりはしない。

　その理由は、それぞれの法律ごとに目的があり、その目的を達成するために必要な手段が規定されているからである。❶の筆者修正の地方自治法のように括弧書き（ただし……）を追加して修正すると、その手段と目的とのバランスが壊れてしまう。

　自治法149条は、教育委員会における財産管理と公営企業における予算執行及び財産管理には一部適用されていないが、地方自治制度における総体的な権限配分のあり方としては、あくまで、教育財産や公営企業財産の管理権は長にあるべきだということで自治法は自己完結している。

　そのうえで、教育行政、公営企業の経営という別の観点から、地方教育行政法や地方公営企業法によって、一部の権限が長の手から離れているのである。

　よって、地方教育行政法や地方公営企業法の該当条文が廃止されれば、自治法が適用される。同法を括弧書きのように改正してしまえば、原則である自治法自体を変更したことになってしまうのである。

　このような、「自治法」と「地方教育行政法・地方公営企業法」との関係を「一般法」と「特別法」という。ある事項について原則を定めている法令の規定と例外を定めている法令の規定との相対的な関係を表す用語である。

　ある法令が属性として常に一般法（原則）であるとか、特別法（例外）であるとかいうわけではない。自治法 149 条が執行機関の権限における「一般法」であり、地方教育行政法 21 条や地方公営企業法 9 条が、自治法 149 条の「特別法」なのである。地方教育行政法 21 条や地方公営企業法 9 条の特別法も存在するかもしれないし、自治法の規定が特別法の役割を果たすこともあるだろう。

　みなさんは好きな人や大切な人から「あなたは特別よ！」と言われるほうが「あなたは普通ね」と言われるよりもうれしいのではないだろうか。しかし、法の世界では逆なのである。

　「普通」は、「原則的・一般的・メジャー」という意味であり、「特別」とは「例外的・特例的・マイナー」という意味になる。公共団体の例を挙げると、普通地方公共団体は都道府県や市町村であり、特別地方公共団体は一部事務組合や広域連合などである（自治法 1 条の 3）。

　適用されている法制度が一般法による原則的なものなのか、特別法による例外的なものなのかを理解することが大切である。

❸　自治体組織と国の組織との違い

　執行機関の意思決定を補助する。つまり、執行機関の部下として、自治体における実務を処理するのが補助機関である。副知事・副市町村長以下の職員が長の補助機関であり、教育委員会事務局の職員が教育委員会の補助機関となる。

　以下は自治法における執行機関の規定である。役割が規定されており、執行機関がどのような存在であるのかが分かる。

地方自治法

第１３８条の２　普通地方公共団体の執行機関は、当該普通地方公共団体の条例、予算その他の議会の議決に基づく事務及び法令、規則その他の規程に基づく当該普通地方公共団体の事務を、自らの判断と責任において、誠実に管理し及び執行する義務を負う。

　一方で、補助機関の定義は置かれていない。よって、「執行機関を補助する機関」という、一般的な意味に捉えることになる。

地方自治法

第１５４条　普通地方公共団体の長は、その補助機関である職員を指揮監督する。

自治体の「執行機関＋補助機関」が、ほぼ国の「○○省」に相当する。しかし、国の省庁と自治体の「執行機関＋補助機関」とは、以下の点で構造や役割が違っている。

> ①　行政分野別に縦割りになっている国に比べ、自治体では、その事務の大部分が長という執行機関の担当分野となっている。
> ②　国の「○○省」の中には、そのトップである大臣も含まれ、「○○省」は大臣を含めた「チーム」であるのに対し、自治体は「長や委員会（執行機関）＋職員（補助機関）」のようにチームではなく執行機関にその職員が付属する形になっている。
> ③　予算執行、財産管理、議案提出など行政分野を問わず長に専属している権限がある。

①について、国では各大臣（省庁）に分散している各大臣の権限のうち、そのほとんどを自治体においては「長」が持っていることになる。総務大臣も法務大臣も厚生労働大臣も農林水産大臣も経済産業大臣も国土交通大臣も環境大臣も（他にも存在し得る）「長」が務めているというようなイメージである。文部科学大臣には教育委員会が相当する。

国においては、厚生労働省の職員と国土交通省の職員は別の組織に属し、それぞれ別の大臣の権限の行使を補助している。一方、自治体においては、保健福祉部の職員と道路部の職員は、どちらも同じ長という執行機関の補助機関なのである。

②について、文部科学省には、文部科学大臣と同省の職員が含まれている。大臣は同省の長（チームのリーダー）である（国家行政組織法5条1項）。しかし、自治体においては、教育委員会の構成者は委員だけであり、事務局職員は含まない。

③について、長に専属する権限を列挙した自治法149条の「普通地方公共団体の長は、概ね左に掲げる事務を担任する」は、議会に対して原則として「議決がいらない長の権限事項であること」及び他の執行機関に対して原則として「行政分野にかかわらず長の権限事項であること」の二つを意味している。

> 地方自治法（一部略）
> 第149条　普通地方公共団体の長は、概ね左に掲げる事務を担任する。
> 　一　普通地方公共団体の議会の議決を経べき事件につきその議案を提出することと。
> 　二　予算を調製し、及びこれを執行すること。
> 　三　地方税を賦課徴収し、分担金、使用料、加入金又は手数料を徴収し、及び過料を科すること。
> 　四　決算を普通地方公共団体の議会の認定に付すること。
> 　五　会計を監督すること。
> 　六　財産を取得し、管理し、及び処分すること。
> 　七　公の施設を設置し、管理し、及び廃止すること。

おわりに～復習とさらなる理解のために～

■ 法人としての民間団体と自治体との違い

　株式会社も自治体も法人であることは同じです。しかし、決定的に異なるのは、「法人のために機関が働く」という法人における原則論が持つ実質的な意味です。

　株式会社においては、法人についての原則論は多分に建前でしょう。実際には、特定の人間が個人の利益や目的を達成するための手段として、法人を設立しているからです。本当の意味での法人の目的・利益などというものは、原初的には存在しないようです。実際には、「だれかのための法人」として法人は設立され、機能させられているのです。

　ただし、法人の規模が大きくなっていくにつれ、従業員が増え、社会的な役割や期待も大きくなるので、機関（個人）によるコントロールは客観性を要求されるようになります。結果として、「法人のための機関」という原則論に近づいていきます。

　自治体の場合は、だれかの意思や思惑ではなく、法律上の制度としてあらかじめ自治体が設置されています。機関も法律によって置かれています。法人原則は建前ではなく実際です。そこに個人（機関）の利害を持ち込むことは原理的にできません。

2 自治体組織についての理解の実際

> X市の教育委員会では、少年センターの管理を指定管理者へ委託しています。少年センターの使用許可書や対外的な文書は、「X市立少年センター館長A」という名義で発行されています。「A」は指定管理者が配置した、少年センターの責任者の名前です。
>
> X市には、直営時に課長職の「少年センター館長」がいました。指定管理者に委託したので、そのまま指定管理者の責任者を「館長」に置き換えたのですが……。みなさんは、どう考えますか？

↳　「少年センター館長」は、X市の職名です。単に一般論としての少年センターの「管理者」とか「責任者」という意味ではありません。「課税課長」と同じで、組織的な意味を持っています。

　館長は、X市において、教育分野の管理職として位置づけられているのです。施設管理の責任者にとどまる存在ではないのです。同センターを、X市の行政の中でどう運営していくかという、X市の管理職としての役割を担っています。

　ですから、A氏が「館長」になれるはずはありません。

　指定管理者に委託した場合に、その代表や責任者が、公の施設の長の地位に立つと理解しているとしたら、その自治体の職員が抱えている課題は、指定管理者制度の適切な運用までの道程のかなりはじめの場所にあると思われます。

　彼らがそこにとどまっている原因は、指定管理者制度という具体的な法制度を理解できていないからではなく、行政組織という自治体法務に通底する基本的なしくみを、理解していないことにあります。

　便宜上、「館長A」を使用させることはあり得るのかもしれません。その場合でも、X市ではなく、その委託を受けた指定管理者が管理していることは、表記しなければなりません。

　許可書などの名義は、「X市立少年センター指定管理者○○株式会社代表者××」（××は指定管理団体の代表者）のようになると考えられます。A氏は、指定管理者内部においても現場の責任者、つまり、自治体でいえば補助機関にすぎず、権限は持ちません。

　一つの通知文からも、その自治体の職員が自らの組織を理解・自覚して

いるかどうかが明確に表れます。個別具体の法令や条例（○○法××条）の理解よりも、本質的な法務能力が問われる場面です。

　行政組織についての誤解や理解の不足を改善するには、個別の法令の解釈の誤りを正すよりも、説明が難しく、手間がかかります。相当な工夫も必要です。しかし、法務研修において「行政組織」は、必ず取り入れておかなければならない内容の一つです。

第7章 権限の委任のしくみ

はじめに

////////////////

　「委任」という言葉は、自治体でも、社会一般でもよく使われます。自治法などの行政法における「委任」と社会生活における民法上の「委任」との意味は違います。

　前者は、長などの権限を職員などに渡すこと、つまり、自治体内部の機関同士の行為です。組織的な委任です。

　一方、後者は、他人に自分の意思決定や業務などを依頼する契約を指します。いわゆる「委託」の範疇に含まれるものです。人と人との間の委任、つまり、法的な委任です。

　自治体においては、どちらの委任も行われます。

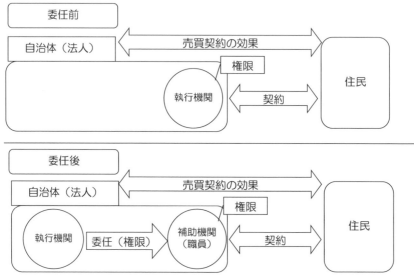

図7-1　権限の委任のしくみ

Ⅰ　まずは、考え方を身につけよう！

❶ 権限の委任（専決との違い）

　行政庁が持つ権限を専決で部課長に任せることは、事務決裁規程のような内部規程による便宜的な方法であり、制度的なものではない。

　この専決とは別に、法令の規定に基づいて正式に行政庁の権限をその補助機関である部長や課長に与え（権限を移動させ）、行使させる方法がある。

　それが、「権限の委任」である。権限の委任においては、専決の場合と違って、対外的にも委任を受けた補助機関（受任者）の名で命令書や契約書などを交付することになる。

	委任	専決
権限の移動	あり	なし
決裁権者	課長	課長
権限行使の際の名義	課長	長
違法な権限行使の際の賠償責任	自治体	自治体

図7－2　権限の委任と専決との違い（長→課長）の場合

❷ 権限の委任における基本的な考え方〜行政庁による権限の行使（権限の委任の原則禁止）〜

　契約や行政処分の住民の権利義務に直接かかわる行為、つまり、法律行為の権限は、法律や条例から自治体の執行機関に与えられる。

　与えられた権限は必ず執行機関（その権限を持つ行政庁）自身が行使しなければならない。住民の代表である議会の意思として、「この執行機関をこの事務の行政庁（権限を持つ者）とする」ことが決定されているからである。

> A市動物愛護管理条例
> 第7条　市長は、犬を放し飼いにしている飼い主に対し、その犬を犬小屋に入れるよう、命ずることができる。

　A市の動物愛護管理条例7条の命令（行政処分）を行う権限は、市長に与えられている（市長が行政庁である）。この権限を市長の判断で、担当課長に委任することは原則としてできない。

3　権限の委任の根拠

　例外的に、法律の根拠があれば、行政庁の権限を委任することができる。法律による権限の委任には二つのパターンがある。

> ①　行政庁を指定した個別の法律（又は条例）の中で「○条の（長の）権限は××に委任することができる」と規定されている場合
> ②　自治体の執行機関に関して規定している一般的な法律に権限を委任できる制度がある場合

　自治体の行政庁が法的な権限を委任できる根拠としては、②の自治法153条などがある。ただし、委任できる対象は、行政庁の補助機関である自治体職員に限られている。例外として、他の執行機関への委任（自治法180条の2、180条の7）、指定管理者制度（自治法244条の2第3項）、他の自治体への事務の委任（自治法52条の14）がある。

4　執行機関の間の委任と補助執行

　長の権限を他の執行機関やその補助機関に委任できる制度や、執行機関が権限を委任せずに他の執行機関の補助機関を自らの補助機関として事務を補助させることができる「補助執行」という制度がある（自治法180条の2、180条の7）。

5　条例による住民の義務に関する事項の委任

　条例で「○○については長が定める」という規定、いわゆる「委任規定」がよく見られる。これは、条例による長（実際には長が定める規則）への委任であり、行政庁による権限の委任ではない。

　本来は、条例でしか定めることができない住民の義務に関する事項のうち、一定の部分を定めることを長に委ねているものである。

6 契約としての「委任」

　民法にも「委任」という用語がみられる（643条）。これは、行政庁による権限の委任ではなく、委任という契約の種類を指している。契約などの法律行為を他人に依頼する契約形態である。自治体においては、弁護士への訴訟事務の委託がこの委任にあたる。

　行政庁による「権限の委任」が自治体や会社などにおける内部的な権限の移動（機関と機関との権限のやり取り）を意味するのに対し、委任契約は、しごとを他者へ依頼すること（人と人との法律関係）を意味する。

7 学問上の「委任」の意味

　権限の委任でも委任契約でもなく、自治体の事務を単に「任せる」、「委ねる」という意味で、観念的におおざっぱに「委任」という言葉が使われることも少なくない。行政法や行政学関係の書籍で「委任行政」などと表現されているのがその意味での「委任」である。

Ⅱ　理解を深め、思い込みを解消しよう！

1 委任と専決との違い〜対外的な名義の表示〜

　行政庁の権限を補助機関に委任する場合と専決で処理させる場合とでは、対外的に表示する名義が異なる。

① 　長の権限について専決規程で課長決裁としている場合
　　権限は長のままであるから、行政庁である「長の名」で命令書を出す、つまりは、法令どおりに「長が判断して命令を出している」という外形を整えなければならない。

② 　長の権限について課長に権限を委任している場合
　　権限自体が、課長のものになっているので「課長名」で許可書を出す。
　　権限が行政庁から実際にその権限を必要とする事務を処理する機関に移動しているかどうかが、委任と専決との違いである。

	可視	行使の方法	専決による処理	補助機関に 実施させる場合の 委任規定の要否
法律行為 （行政処分・契約）	×	書面	可	不要
事実行為 （立入調査等）	○	対面	不可	要

条例で必要となる規定

〔法律行為の場合〕
市町村長は、その勧告に係る措置をとることを命ずることができる。

〔事実行為の場合〕
市町村長は、当該職員又はその委任した者に、調査をさせることができる。

図7－3　権限の委任の要否

2 専決にできない権限～事実行為は専決できない～

専決は、法律行為（許可などの行政処分や契約）の処理においてのみ用いることができる。

法律行為でない事実行為、例えば、法律や条例に規定されている長の立入調査の権限については、専決で課長などに行使させることはできない。

法律行為である「契約」や「許可」は、物理的な存在ではない。意思表示が合致して契約が生まれる瞬間や、禁止が解除されて許可の効果が発生していく過程を目にすることはできない。法律行為とは目に見えないものであり、「契約書」や「命令書」のような文書によってのみ、その過程や存在が認識される。

よって、実際には誰が決定していても市長名で文書を作成・交付すれば、法律行為の場合は、市長が判断し決定したという形式が整う。この法律行為の特性を利用して事務処理の便宜を図っているのが専決である。

一方、立入調査などは、事実行為であるから誰が調査をしているのかが明確である（可視的である）ため、法律や条例によって与えられた長の立入調査の権限を専決で職員に行使させることはできない。職員に権限を委任しておかないと長がヘルメットと作業着で自ら調査することになってしまう。

おわりに～復習とさらなる理解のために～

〔「権限の委任」と「委任契約」との違い〕

　契約など人に法律行為を依頼することを委任といいます。契約の形態の一つです（委任契約。民法643条）。執行機関から補助機関への「委任（内部委任）」と言葉は同じです。ややこしいですね。

　内部委任は、法人（自治体）内部での権限の関係であり、委任契約は他人との法律関係です。委任契約で委任を受けた者が「○○さんから委任を受けた」と相手に示して契約などの事務をすることを代理（同法99条）といいます。

　「権限の委任」、「委任契約」そして、「委任契約における代理」は、自治体法務における共通言語です。あらゆる法律や条例、そして、国の通知などに出てきます。ですから、「委任」の意味を理解できていないと、個別の法律を理解していても適切な業務はできなくなることも考えられます。

　そこで、委任契約について、身近な例を挙げて、説明しましょう。

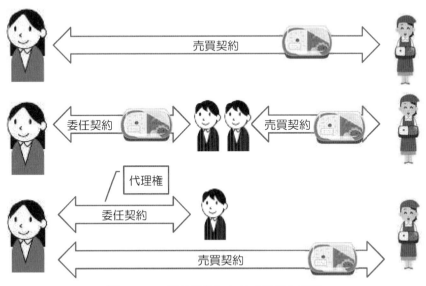

図7-4　委任契約における委任と代理

① ケース１：弁当の購入の委任契約

> あなたが、昼休み時間まで会議が長引きそうなので、同僚のＸさんに
> とんかつ弁当の購入を頼みました。

↳ あなたもＸさんも自治体の機関（補助機関）ですから、しごとのうえで
は、権利や義務を負うことは原則としてありません。しかし、あなたが、
この弁当の購入をＸさんに依頼しているのは自治体の機関としてではな
く、「個人としてのあなた」です。

　ですから、あなたとＸさんとの間に法律関係（権利義務の関係）が発生
します。「弁当の購入の委任契約」があなたとＸさんとの間に発生し、Ｘ
さんにはあなたのためにとんかつ弁当を購入し、あなたに引き渡す義務が
あります。

　この場合、Ｘさんは弁当屋に対してとりあえず自分が当事者として法律
行為（弁当の購入）を行います。その後、あなたとの委任契約に従って、
代金と引き換えにあなたに弁当を渡します。

　あなたは、Ｘさんに代金相当額を支払う義務を負っています。あなたと
Ｘさん、Ｘさんと弁当屋さんの法律関係は別々です。切り離された法律関
係が二つ存在します。Ｘさんは法的には二人いることになります。

② ケース２：代理権を伴う弁当の購入の委任契約

> 今度は、Ｘさんが弁当屋さんに「Ａさんに頼まれました。」とあなた
> に頼まれたことを明確に示して、弁当を購入したとしましょう。

↳ 弁当屋さんは、Ｘさんではなくあなたにとんかつ弁当を売るかどうかを
判断します（当然だれにでも売るでしょうが）。

　そして、Ｘさんから代金を受け取って、弁当をＸさんに渡した瞬間にそ
の弁当はＸさんのものではなく、あなたのものになっています。Ｘさんは
あなたの代理人ですから、Ｘさんが行った行為は法的にはあなたが行った
ことになるのです。

　Ｘさんが支払った弁当代は、弁当屋さんにとっては、あなたが支払った
ことになりますし、Ｘさんに渡した弁当はあなたに渡したことになります。

弁当屋さんは、あなたの代理人であるXさんを介して、あなたと弁当の売買契約を締結し、それを履行したのです。

　ですから、仮に、弁当の代金を月末にまとめて支払うという慣習があったとすると、弁当屋さんはXさんではなくあなたに対してXさんに渡したとんかつ弁当の代金を請求することになります。

③　まとめ：委任契約における法的な動きと実際の動き

　ケース1では、弁当はいったんXさんのものになり、その後、代金と引き換えにあなたがXさんから弁当の引渡しを受けます。法的にもそのときに弁当はやっとあなたのものになります。

　法的な権利の動き（法的なやり取り）と物の動き（実際のやり取り）が一致していますよね。

　ケース1では、次の二つの契約があるからです。

> ①　Xさんとあなたとの弁当購入の委任契約
> ②　弁当屋さんとXさんとの間の弁当の売買契約

　それに対し、ケース2では、弁当屋さんからXさんに渡された段階で、あなたのものになります。次の二つの契約があるといえるでしょう。

> ①　Xさんとあなたとの弁当購入の委任契約（代理権つき）
> ②　弁当屋さんとあなたとの間の弁当の売買契約

　法律関係は弁当屋さんとXさんとの間ではなく、いきなり弁当屋さんとあなたとの間に発生します。ここでは、法的なやり取りと実際のやり取りとが異なっています。

　権限の委任と委任契約の違い、そして、代理権の意味を理解できたでしょうか。

第8章 委託と補助のしくみ

はじめに
//////////////

　「委託」とは、自治体が行うべき事務を他の団体や個人に任せることです。

　一方、「補助」は、団体などの活動に一定の公益性を見出して、自治体が経費を援助するものです。

　自治体が、まちづくりに必要な活動を民間団体などに行わせるには、以下①②のどちらの方法も採ることができます。

> ①　自治体の事務として委託する。
> ②　民間団体の事業として補助を行う。

　しかし、委託と補助とでは、事業の位置づけや自治体と相手方との法的な関係が大きく異なります。

Ｉ　まずは、考え方を身につけよう！
//

■ 委託と補助との違い

　法令や規則・要綱などで自治体が行うこととされている事務については、自治体自らが行う（「直営」と呼ばれる）か、あるいは、民間団体などに委託して実施させることとなる。

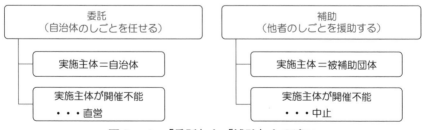

図8−1　「委託」と「補助」との違い

　一方、法令などで実施が義務付けられていないものの、まちづくりに役立つ（公益性がある）事業については、直営や委託ではなく、民間団体のしごととして位置づけ、その団体に自治体が「補助」を行うという形態で実現させることもできる（自治法 232 条の 2）。

❷ 委託と補助の実際

　イベントや祭りの実施費用を自治体が負担する際には、委託も補助も可能である。

　補助金を交付するのであれば、当該イベントは、補助金を受ける団体が主催者でなければならない。その団体が実施できなくなった場合、イベントは基本的には終了することになる。

　一方、委託料を支出するのなら、自治体の事業を団体などに依頼していることになるので、委託を受けた団体が実施できない（委託契約を受けなくなる）場合は直営で行うことを住民から要求されると考えられる。

　補助金よりも委託料のほうが支出の手続きは簡便ではあるが、民間団体によるイベントなどの実施を「委託（本来、自治体が実施すべき事業）」と位置づけることには慎重になるべきである。

❸ イベントの実施における課題

　自治体でイベントを実施する際は、下記①②という「実行委員会方式」が採用される場合が多い。

> ①　自治会、ＮＰＯなどの関係団体と自治体で組織する実行委員会を設置する。
> ②　自治体から実行委員会へ補助金を支出する。

　実行委員会に参加している団体は、互いに「イベントを開催する」という契約を結んでいることになる。これは、民法における「組合契約」である（民法667 条）。組合契約とはお互いが金銭や労力（役割を担う）を持ち寄って、共同で事業を行う契約形態である。

　実行委員会方式においては、自治体の職員が経理事務を行うことが多いが、それは、下記のいずれかの法律関係であると評価される。

---

① 　組合契約の内容として、自治体が経理を担当している。
② 　組合契約の当事者としてではなく、実行委員会との業務委託契約に
　　よって経理事務を委託されている（「委託」ではなく「受託」）。

		自治体が実行委員会へ参加すること	自治体が実行委員会の事務局を担当すること
自治体からの補助金の支出	あり	不適当	極めて不適当
	なし	可	不適当

図8－2　　自治体の「実行委員会」へのかかわり

　どちらであれ、実質的には、担当職員の人件費という形で実行委員会へ公金
を支出し、補助金交付申請と交付決定の双方の事務を自治体の担当者が行うこ
とになる。審査が甘くなるか、あるいは、交付条件とつじつまが合うように活
動実態を粉飾することも予想され、適正な公金支出や資金管理は困難である。
　イベントの実施において、補助金を交付したうえで、実行委員会方式を採る
場合には、職員が経理を担当すべきではない。

４ 補助金を交付する意義

　自治体が補助金（公金）を交付（支出）する意義は、資金援助だけではない。
補助金の支出によって対象事業に公的な意味を持たせることにある。
　具体的には、交付される団体やそのメンバーに対して、下記①～③などを促
すことにある。

---

① 　計画的な事業実施
② 　事故の予防
③ 　補助対象の事業だけではなく通常の活動における住民への配慮や住
　　民の理解の重要性への自覚

　自治体においては、まちづくり活動における自治体と民間団体との協働が推進されている。しかし、協働する相手は、十分に自立した団体でなければならない。地域団体やＮＰＯも経営能力がなければ住民のために活動することはできない。補助金の請求事務の処理などに根本的な問題がある団体は、協働に値するかどうかが疑われる。事故や不手際を発生させ、住民に迷惑を及ぼし、被害を与えかねない。

　自治体も、団体の苦手な部分を支援するばかりでは団体の自立を妨げてしまい、活動も本当の意味で地域に根づかない。

Ⅱ　理解を深め、思い込みを解消しよう！

■1 補助金交付規則の役割

　ほとんどの自治体には、補助金交付における手続に関する統一的な規程として補助金交付規則がある。そのうえで、各補助金の目的、対象、金額などの補助金の内容は補助対象事業ごとに各要綱で定められることが多い。

　しかし、補助金交付規則や要綱を条例で定めてもかまわない。補助金の内容が各要綱で定められている主な理由は、以下の二つが挙げられる。

> ①　機動的な予算執行（国や県から早急な提案があった場合など）を行うため
> ②　条例や規則で定めなければならないという規定がないため

　②については、補助金が高額である場合や長期にわたって交付する見込みがある場合には、議会での議論や審議を経て、条例で交付すべきである。

　補助金交付規則は、原則としてすべての補助金の交付などに適用される、その意味から各補助金要綱が団子に、同規則が串に例えられる（串刺し法）。手づかみ（要綱だけ）ではなく、串に刺して（補助金交付規則）で清潔（平等・公平）に補助金を交付するのである。

　補助金には多くの場合、予算の制約による枠（補助対象者数の限定）があるため、交付か不交付かの判断は、許可・不許可などの判断とは異なり、基準に該当しているかだけではなく、申請内容の相対的な優劣によっても決定される。したがって、不交付となった団体に対する理由の説明などの対応は重要である。

　補助金交付の決定については、多くの行政手続条例で「交付決定は処分であ

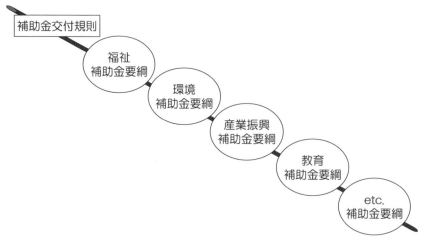

図8－3　補助金交付規則と補助金交付要綱の役割

る」ことが規定されている。よって、不交付決定、申請額に満たない交付決定、非定形的な条件を付けた交付決定などは、審査請求や取消訴訟の対象となるので、「審査請求や裁判所への出訴ができる」旨の教示が必要である（行政不服審査法 57 条 1 項ほか）。

☑ 国や県からの委託

　地域における課題の解決のために、国や県から市町村に多種多様な補助金が支出される。しかし、それらの補助金の対象事業の中には、本来は、国や県が実施すべき内容の事業であるにもかかわらず、市町村が取り組むことが条件となっているもの、つまり、国や県から委託を受けて市町村が行うべき事業も含まれている（例：旧防空壕対策）。

　法律で自治体の事務であると位置づけられているもの以外の事務については、補助金の交付と引き換えに地域における重要課題がなしくずしに市町村の責任として位置付けられないように留意すべきである。これは、事業の実施や事業の対象となっている行政課題に起因する事故などにおける住民への損害賠償義務の所在にもかかわる問題である。

おわりに～復習とさらなる理解のために～

１　補助金の返還

　補助金の返還命令は、補助金の返還義務を決定するものですから、条例で規定しなければ命令（行政処分）としての効力がありません（自治法14条2項）。

　補助金交付規則や補助金交付要綱による返還「命令」は、行政処分としての効力はなく、自治体による補助金返還の要求となります。相手が同意しない場合は、裁判によらなければ、補助金を不正に使用したことや補助の目的を達成しなかったことを確定したうえで、補助金交付の法律関係を解消することはできません。なお、補助金の返還金債権については、滞納処分はできません。

２　委託における地元優先発注は正当か？

　自治体の契約は、業者の受注の機会を均等にして、自治体が最も有利な価格で行う必要があります。ですから、一般競争入札による「がちんこ契約」が原則です（自治法234条2項）。しかし、多くの自治体では、地元企業へ優先的に発注するという内部規程を定めています。

　入札や契約の相手方の資格を地元業者に限定することが法的に許されないわけではありません（自治法施行令167条の5）。裁判例でも、①工事現場などへの距離が近く現場に関する知識などを有していること②地元の経済の活性化にも寄与することなどから、地元優先発注には一定の合理性があるとしています。

　自治体が地元へ優先発注する本当の理由は②です。自治体財政の健全化よりも地元の経済の活性化を優先するものです。

　しかし、地元企業だけが、あるいは、地元企業のほうが地元外の企業よりも地元の経済に貢献しているという具体的な検証はありません。隣の市に事業所を置いて住民を多数雇用し、あるいは、地元企業に多くの業務を発注している非地元の大手企業もあるでしょう。「地元優先発注＝地元経済の活性化」という公式は必ずしも成り立ちません。

　裁判例では、「①又は②の観点からは、地元企業と同様の条件を満たす地元外業者もあり得る。価格の有利性の確保の観点を考慮すれば、常に地元優先発注に合理性があるということはできない」とも述べられています。漫然とその効果を検証せずに行っている地元優先発注が違法だと判断される可能性は十分にあるのです。

第9章 行政手続のしくみ

はじめに
//////////////////

　行政処分や行政指導を行う際には、一定の手続きを守らなければなりません。この手続きを「行政手続」と呼びます。行政手続は、いわば「法的な礼儀作法」であり、行政手続を守ることは自治体行政の基本であり、要です。

　行政手続の中でも特に実務のうえで重要であり、また、住民の権利義務に影響が大きいのは、「申請における行政手続」と「行政指導における行政手続」です。

Ⅰ　まずは、考え方を身につけよう！
//

1 行政手続の対象

　自治体はその事務を進める中で、「契約」、「行政処分」、「行政指導」という3種類の「法的なやり取り」を住民と交わしている。

> ①　契約……住民と自治体との個別の約束によって、住民の権利や義務を発生させるもの
> ②　行政処分……法律や条例の根拠に基づいて、自治体が一方的に住民の権利や義務を決めるもの（例：許可、認可、決定）
> ③　行政指導……権利や義務は発生しない自治体から住民へのお願いやアドバイス。法律や条例の根拠がなくても行うことができる。

　契約は、民間での事業の実施においても用いられる。一方、行政処分と行政指導は、原則的には、民間団体にはない行政固有の作用である。この行政処分と行政指導が行政手続の対象となる。

　法律による行政処分については行政手続法に、条例による行政処分やすべての行政指導については行政手続条例に規定が置かれている。行政手続条例の内容はどの自治体のものもほとんど行政手続法と同じであるから、各自治体に共通する行政手続が存在すると考えてかまわない。

　「どの自治体の条例も内容が同じ」といっても、いわゆる「コピペ」で法律

	法律に基づくもの	条例に基づくもの	法律や条例に基づかないもの
行政処分	行政手続法	行政手続条例	—
行政指導	行政手続条例	行政手続条例	行政手続条例

図9-1 行政手続の対象と根拠

や先行自治体の条例が安易に拡散したわけではない。行政手続の内容は普遍的なので、同じ内容になるのである。各自治体の行政手続条例が行政手続法に倣って作られたのは事実であるが、法と大きく異なる内容を定めるべき理由が少ないのである。その自治体の行政手続条例が、法律やほかの自治体の条例と同じであることには、積極的な意味がある。

▣ 申請書の交付と申請への応答

　住民が窓口で、許可や決定などを求めて申請をしようとする場合において、申請を拒否する、具体的には、「申請書（様式）を渡さない」、「申請書を受け取らない」ことはできない（行政手続法7条）。

　このような「申請させない」という対応は、行政活動における一次的な（あからさまな、稚拙な）違法行為であり、自治体職員が最も行ってはならないことの一つである。

　自治体が申請を拒む理由としては、主に次の二つが挙げられる。

---

① 許可を与えないため

　法令上は許可が出せる申請内容である。しかし、許可の対象となっている行為が実現すると自治体の行政方針に合わない事態が発生する。そこで、行為の実現を阻むために申請を受け付けない（申請させない）。

② 事務の手間を省くため

　先例に照らすと、法令上は許可できない内容である。よって、申請を認めると不許可通知を出さなければならなくなる。そこで、事務の手間を省くために申請を受け付けない（申請させない）。

---

①の理由による申請の拒否は、いわば、究極の違法行為である。「法律や条

例で認められている行為を行政の判断や都合で、できないようにする」もので
あるからだ。「権利や義務のかたまり」として認識されるべき住民の存在自体
を否定している。

②については、「不許可である」という行政の判断が正しいとは限らない。
今までの不許可という判断が間違っていたかもしれない。また、法令には解釈
の幅や判断の余地があるので、社会情勢の変化などによって、ここから先は許
可の対象とすべき申請内容となっているかもしれない。よって、担当職員の窓
口での判断だけではなく、組織として正式に許可か不許可かを決定する手続き
に乗せなければならない。

不許可通知書の様式が定められている（不許可の通知を行うことが事務の前
提となっている）かどうか、許可の根拠となっている法律や条例の委任を受け
た規則（「○○条例施行規則」など）を確認してみていただきたい。

申請を希望する住民に対しては、申請の内容が実現できる（許可や交付など
を得られる）ものであるかどうかにかかわらず、以下の義務が課せられている
のである（行政手続法 7 条）。

---

① 申請書を渡す。
② 申請を受け付ける。
③ 申請に対して許可などができるかどうかを通知する。

行政手続法
（申請に対する審査、応答）
第 7 条　行政庁は、申請がその事務所に到達したときは遅滞なく当該申請の
　　審査を開始しなければならず、かつ、申請書の記載事項に不備がないこと、
　　申請書に必要な書類が添付されていること、申請をすることができる期間
　　内にされたものであることその他の法令に定められた申請の形式上の要件
　　に適合しない申請については、速やかに、申請をした者（以下「申請者」
　　という。）に対し相当の期間を定めて当該申請の補正を求め、又は当該申
　　請により求められた許認可等を拒否しなければならない。

ただし、ここでいう「申請」とは、法令（法律や条例）で「申請することが
できる」と規定されている場合、つまり申請権が保障されている場合を指す。
住民が、何らかの利益の実現を求めて自治体に書類を提出するすべての場合を

意味しているのではない。

　「申し出」のような規定は、申請権を保障しない制度設計をした場合の規定ぶりであり、行政手続の対象とはならない。

	行政処分	行政指導
法律に基づくもの	行政手続法	行政手続条例
条例・規則に基づくもの	行政手続条例	行政手続条例

図9−2　行政手続法と行政手続条例の対象

3 不許可における行政手続

　許可や交付の申請に対して、拒否（不許可・不交付）する場合は、不許可などの理由について申請を拒否する書面（不許可通知書など）に分かりやすく記載しなければならない（行政手続法8条）。

　単に「法律（条例）に適合しないから」ではなく、申請のどの要素が法律や条例あるいはその具体化である審査基準（同法5条）に定められているどの許可条件に合わないのかを示さなければならないのである。

　この「理由の提示義務」には、以下の意味がある。

---

　①　営業許可などの申請者において許可が必ず必要な場合に、次の申請で許可を得る（リベンジ）ための助言となる。
　②　不服申立てや裁判における争点を設定する手がかりになる（ただし、当事者の主張の対立点が法的な価値のある争点にあたるかどうかについては、個々の紛争ごとに判断が必要である）。

行政手続法（一部略）
（理由の提示）
第8条　行政庁は、申請により求められた許認可等を拒否する処分をする場合は、申請者に対し、同時に、当該処分の理由を示さなければならない。

Ⅱ　理解を深め、思い込みを解消しよう！

1 行政手続の普遍性への理解

　行政手続法や行政手続条例に定められている申請の適切な処理や不許可の際の理由の提示などは、いずれも同法・同条例の規定を待つまでもなく、住民の権利義務にかかわる事務を行っている自治体職員として当然、守るべき、行うべきものばかりである。

　自治体の窓口に提出される申請書には、多くの人たちの暮らしが関係している。住民からの申請を処理することは、自治体職員にとっては日常業務の一場面にすぎないかもしれない。

　しかし、申請する住民にとっては、許可や決定が得られるかどうかによって、生活が左右されるほど重大な意味を持っている。まちづくりは、すべての職員が、行政手続の必要性・重要性を理解することから始まる。

2 手続きと決定（そのもの）との違い

　条例を制定したり、予算を決定したりする際には、議会の議決が必要である（自治法96条1項）。しかし、これは条例の制定などにおいて議決という手続きを単に要求しているのではない。条例の制定などは議会が決定するのだということを意味している。

　意思決定そのものを議会が行うのである。実質的に決定するのは執行機関の側であり、議決は手続きの一環にすぎないなどという認識があるのなら、改めなければならない。

3 申請における行政指導

　申請に対して、許可するか、あるいは不許可とするかの判断は、許可の根拠である法律や条例に定められた要件に従って行わなければならない。法律や条例は、住民の間接的な意思である議会の決定を経た住民との契約だからである。

　それにもかかわらず、特定の法律上の許可においては、比較的多くの自治体が、法令で義務付けられていない書類、例えば、利害関係者の同意書の提出を申請者に要求し、添付がない場合は申請を受け付けない、あるいは、許可しないという態度を見せる（さすがに本当に不許可にしている自治体はないとは思われる）という違法な対応をとっている。

　この「同意書の強要」の背景には、法的には許可できる（すべき、しなけれ

ばならない）申請内容であっても、許可対象の行為が実現した際に、主観的な不利益を被る住民から、自治体が責められることが考えられるので、それを避けようという意図があるようだ。法令上の許可条件とは別に、「関係住民もOKした」という担保をとっておきたいのであろう。

　確かに、法令上の提出義務の対象となっていない書類であっても、場合によっては、添付を求める意味はある。しかし、本来、その書類は許可事務を行う中で、自治体が自らの責任において記載されるべき内容を調査・把握し、作成しなければならないものである。それを、便宜上、役所の都合で申請者に「お願い」しているはずである。法的には行政指導にあたる。許可に関連づけて、同意書の提出を強制することはできない。

　行政手続の基本は、住民に求めていることが「義務」なのか「任意」なのかを、まずは自治体職員自らが明確に理解することにある。そのうえで、法令に定められていない書類については、申請書への添付は義務ではなく、また許可の要件ではないこと、つまり「添付に応じなくても許認可にはなんら影響しないこと」をはっきりと伝えなければならない。

〔申請の際の行政手続〕
・　申請書は必ず受け付けなければならない（行政手続法7条）。
・　行政指導（書類の提出など）を守ることを強要してはならない（同法32条1項）。
・　行政指導に従わないことを理由として不利益な取り扱い（許可しない、不当に長く処理を遅らせる）してはならない（同条2項）。
・　「その行政指導には従わない」と申請者が明言しているにもかかわらず、同じ内容の行政指導をしつこく続けてはならない（同法33条）。
・　行政指導の内容を、法令上の義務であるようにみせかけてはならない（同法34条）。

❹「同意」を求めることの違法性

　そもそも許可の申請において、同意書の提出を求めるということは、同意する者（例：許可の対象行為が行われる予定地の周辺の住民）の意思によって、申請者の権利が左右されるという状態を作り出すことになる。最終的には、申請者は「同意してください」とひたすら頭を下げるしかない。さらには、同意する側が、同意と引き換えに主観的な条件を提示して、得てはならない利益を

求める可能性もある。

　許可の申請の処理に際して、関係住民の同意を求めることは、申請者の権利の帰趨を、利害関係者の私的な判断に委ねることにつながる。それは、「同意」を要求する自治体が「このまちは、住民や行政が気に入らないことをする人の権利（人権）は否定しますよ。そんなことをしようとする人は人として認めませんよ」と主張していることをも意味する。「人の下に人を造るまち」という都市宣言に等しい。

おわりに～復習とさらなる理解のために～

■ 行政手続による「正統性」の確保

　「正統性」と「正当性」という同音（セイトウセイ）異義語があります。自治体においては、後者が使われることが多いと思います。「正」がついているので、どちらも何かが「正しい」ことを表す用語です。

　それぞれの意味は、大まかにいえば、以下のことを意味します。

> ①正統性……手続きが正しい。
> ②正当性……内容が正しい。

　①の正統性は政策の実現に至る過程の「正しさ」、②の正当性は政策そのものの正しさということになるでしょう。

　行政手続法や行政手続条例は、自治体行政における①の正統性の確保・実現をめざしています。一方で、行政における個々の政策は、②の正当性によって採否が決められていくことが多いようです。両者は対立することがあります。「事業としては有効であるが、そのまま実施すれば手続きに違反する」という場面に、みなさんも遭遇したことがあると思います。では、①の正統性と②の正当性はどちらが優先されるべきなのでしょうか。

　②の正当性における正しさは、評価をする人の判断や立場によって異なります。極めて主観的な要素を含んでいます。また、正当性という判断（価値）基準は、要するに政策の良し悪しであるところ、行政におけるどのような政策判断においても、よい結果が出るか、あるいは、失敗に終わるかは、やってみなければ分かりません。もっと正確にいえば、やってみても分かりません。

　例えば、AとBという二つの政策のうち、Aを選択したとします。それでう

まくいった（と感じた、評価された）としても、Bのほうを実施していれば、もっとよい結果を生んでいたかもしれません。反対に、Aを実施して失敗したように思えても、Bを選択したらもっと悪い結果が出ていたかもしれません。

　ですから、事業や政策を実現させる際に、正統性を確保するための基本ルールである行政手続法や行政手続条例に違反し、正統性を犠牲にしてまで、自分が正当だと考える政策や事業の実現を図る理由は存在し得ないのです。正当性（政策的な良し悪し）を主張して、手続きを無視しようとする人に対しては、「『（客観的な）正当』は存在しない。あなたが正当だと思えるものが正当なのではなく、正統なものだけが正当なのだ」と教えてあげてください。

❷ 住民の権利と行政手続

　住民が行政の窓口において申請を行った際に、以下のような違法不当な扱いを受けることがあります。

> ・　許可の申請そのものを受け付けようとしない。
> ・　許可ができると理解していながら、行政上の理由から許可を行わない。
> ・　許可ができると理解していながら、面倒なので許可手続を行わない。
> ・　許可ができるものをできないと誤解して処理する。
> ・　許可できない理由を住民が理解できるように説明しない（あるいは説明する能力がない）。

　このような対応に対しては、制度としては審査請求や訴訟が用意されています。しかし、住民が費用や時間をかけて法的な紛争解決制度を利用することは、容易ではありません。よって、実際には、多くの場合、自治体の違法な手続きによる判断がそのまま実現してしまいます。

　行政手続の確保は、住民の権利そのものにかかわる重要な課題なのです。

❸ 行政手続テスト

　ここは、生涯学習センターです。みなさんは、窓口の担当です。　住民がA学習室の使用を希望してきました。さて、正しい（正統な）対応はどれでしょうか。①～③のうちから選んでください。

> 問題1：希望日には、すでに、別の住民に使用許可を出していた場合、まずは、どうしますか？
> 　① 　黙って、月間利用予定表の該当部分を指さす。
> 　② 　「許可ができないので、申請書は渡せない」と伝える。
> 　③ 　希望の日時は使用できないことを伝え、許可できないので、申請を止めてはどうかとアドバイスする。

　正解は、③となります。まずは、申請はできるが許可はできない状態であることを伝えましょう。また、ていねいな接遇にも心がけましょう。

> 問題2：それでも、「申請したい」と主張してきたらどうしますか。
> 　① 　窓口を閉める。
> 　② 　通報する。
> 　③ 　申請書を渡す。

　正解は、③となります。申請は権利です。ここでは、生涯学習センター設置条例に基づいて申請権が保障されています。

> 問題3：申請書をどのように処理しますか？
> 　① 　二度とこのような行為をしないよう行政指導する。
> 　② 　励ましながら、残念そうに不許可通知書を渡す。
> 　③ 　許可できない理由を不許可通知書に記載し、交付する。

　正解は、③となります。理由を分かりやすく示すことが大切です。それは、住民との「法的なコミュニケーション」です。決して、紛争やいさかいのきっかけではありません。

第3部

実践編

第10章 公有財産と公の施設のしくみ

はじめに
////////////////

　自治体の所有物である土地、建物、物品などを「財産」といいます。自治体がそれぞれの財産を、その所有目的に従って維持していくことを「管理」といいます。本書では、自治体の財産の中でも最も重要な土地と建物（公有財産）の管理について取り上げます。

　公有財産は、「行政財産」と「普通財産」に区分して、行政財産は、さらに「公の施設のための財産（公共用財産）」と「庁舎等のための財産（公用財産）」に区分して管理されます。

　それぞれの財産区分ごとに、管理規程としての条例や規則が定められます。

Ⅰ　まずは、制度を理解しよう！
//

■ 公有財産の区分（行政財産と普通財産）

　財産は、以下に区分される。

> ①　行政財産……使用中の財産や使用方法が決定している財産
> ②　普通財産……使用目的が決まっていない財産（例：廃止された公共施設の跡地などの売却用財産）

　なお、使用されている財産であっても、以下のアの場合は普通財産に区分することもできる。また、イ及びウの場合は普通財産となる。

> ア　観光施設、直売所、温浴施設、道の駅など
> 　〔理由〕住民よりも住民以外の者（観光客など）の利用が多い。
> イ　競輪・競艇・競馬場
> 　〔理由〕住民生活のための施設ではない。
> ウ　特定の団体のみが利用する施設
> 　〔理由〕住民が利用できない。

		属性	主な物（例）
公有財産	行政財産	公共用（住民利用）	公の施設の敷地・建物
		公用（事務執行用）	庁舎
	普通財産	未利用のもの	売却用地・未利用地
		公共用・公用でない用途	道の駅、物産館、競艇場

図 10 － 1　公有財産の区分

2 行政財産の区分（公の施設と庁舎等）

行政財産は、以下のように分けられる。

> ①　公の施設……住民生活の向上のために管理される財産
> ②　庁舎等……本庁舎、支所などの事務所

正確には公の施設は「公共用財産」、庁舎等は「公用財産」である。

「公の施設」とは、本来、管理形態を指すものであって財産の種類（所有の形態）を表す用語ではない。

しかし、公の施設を構成する土地や建物は、ほとんどの場合、その公の施設を設置した自治体の所有である、つまりは、行政財産である土地や建物を公の施設の用途に供しているので、実務においては、行政財産を公の施設と庁舎等に区分して理解することが便宜である。

なお、国や民間団体から土地や建物を借用して設置した、その自治体の財産（行政財産）ではない公の施設もある。

3 財産管理における条例事項と規則事項

財産（土地や建物）は、その区分ごとに規程を設けて管理する。

財産管理に限らず、自治体行政の各分野における必要な事項は、主に自治法の規定によって、以下のように分けられている。

> ①　条例で規定すべきとされている事項（条例事項）
> ②　規則や要綱で規定すべき（できる）事項（規則事項）

	区分	許可・貸付条件	対価	対価の減免
行政財産	公の施設	（使用許可） ・法 244 条の 2 Ⅰ →設置条例	（使用料） ・法 228 条 Ⅰ →設置条例	（債権放棄） ・法 96 条 Ⅰ ⑩ →設置条例
	庁舎等	（目的外使用許可） ・法 238 条の 4 Ⅶ →財産管理規則	（使用料） ・法 228 条 Ⅰ →行政財産使用料条例	（債権放棄） ・法 96 条 Ⅰ ⑩ →行政財産使用料条例
		（貸付契約） ・法 238 条の 4 Ⅱ④ →財産管理規則	（貸付料） ・法 238 条の 4 Ⅱ④ →財産管理規則	（減免） ・法 96 条 Ⅰ ⑥ →財産の交換、譲与、無償貸付等に関する条例
普通財産		（貸付契約） ・法 238 条の 5 Ⅰ →財産管理規則	（貸付料） ・法 238 条の 5 Ⅰ →財産管理規則	

＊法＝地方自治法

図 10 － 2　財産管理における条例事項と規則事項

　条例は議会の議決が必要である（民主的な手続きが加重されている）から、相対的に重要な事項が条例事項となる。財産については、「A 公の施設」、「B 庁舎等」、「C 普通財産」に区分されており、それぞれに主な管理事項として、「ア 使用手続」、「イ 使用の対価」、「ウ 使用の対価の減免」を定める必要がある。

> A　公の施設…ア〜ウすべて条例事項。
> 　　　　　　　施設ごとに規定される場合が多い。
> B　庁舎等……イ及びウが条例事項。アは規則事項
> 　　　　　　　イは使用料条例、ウは「財産の交換、譲与、無償貸付等に関する条例」、アは財務規則などで規定される。いずれも、すべての庁舎等に共通の規程である。
> C　普通財産…ウだけが条例事項。ア及びイは規則事項
> 　　　　　　　いずれも、B庁舎等と同じ条例や規則で規定される場合が多い。

　財産の種類では、住民が利用する公の施設が最も重要度が高いので、条例事項になじむ。また、管理事項の中では、本来徴収すべき使用料（貸付料）を減免するかどうかが最も重要度が高い。長が安易な減免をしないように条例でコントロールする必要があるからだ。また、使用料（貸付料）も自治体の収入にかかわることなので重要度が比較的高いと考えられる。

❹ 財産の管理・利用形態
　自治体の財産を住民に利用させる。つまり、利用することができる権利を発生させるには、三つの方法がある。
①契約
②許可
③目的外使用許可（行政財産の使用許可）
　公の施設は②及び③、庁舎等は③、普通財産は①の方法で住民に利用させる（自治法 244 条の 2 第 1 項、238 条の 4 第 7 項、238 条の 5 第 1 項）。

（1）公の施設
　条例によって設置される。この「設置」とは、物理的に公の施設の構成物である土地と建物を住民が利用できる状態に置くことだけではない。施設の供用を決定する行為である。
　無料の施設や自由使用の施設もあるが、有料施設の場合は使用料やその減免条件を、また、利用調整が必要な施設は、許可条件をそれぞれ施設ごとの条例で定める（自治法 244 条の 2 第 1 項）。「（公の施設の）設置管理条例」と呼ばれている（例：○○体育館の設置及び管理に関する条例）。設置管理条例を行政分野ごとにまとめて制定する場合もある（例：社会教育施設の設置及び管理に関する条例）。
　公の施設の土地や建物も行政財産の一部である。よって、自販機の設置などは庁舎等と同じ行政財産の使用許可（目的外使用許可）で行わせる。

（2）庁舎等
　行政財産のうち庁舎等は住民が利用するためのものではないが、例外的に電柱、自販機、売店、組合事務所など、他の場所に設置することが困難な場合や庁舎等の機能を妨げない場合は、行政財産の使用許可（目的外使用許可）によって利用させることができる（自治法 238 条の 4 第 7 項）。

　目的外使用許可は、公の施設を含めた行政財産についての制度であり、公の施設における目的内の許可（例：体育館の利用）のように希望する住民間の利用調整や申請の内容が施設の利用目的に合っているかを確認するものではない。本来は、住民が利用できない財産について利用するための特別の権利を設定する行政処分（学問上は許可ではなく特許）である。

　よって、本来は、許可するかどうかについての行政庁の裁量の余地が比較的大きいはずである。しかし、許可の対象がいずれも長期間の利用が必要なもの（例：電柱、自販機、組合事務所）が多いため、実務上は、庁舎の機能を損なわない限り、定型的に許可を行わざるを得なくなる場合も多い。

　目的外使用許可は、行政財産を対象とした制度であるため、公の施設にも適用される（例：体育館における自販機の設置）。許可条件などは、各自治体ごとに財務規則などの規則で定める。

　自治法に根拠を持っているため、特許（行政処分）であっても規則で基準を設けることができる。目的外使用の対価は使用料であり、減免する場合を含め条例で定める（自治法228条1項、96条1項6号）。

　庁舎等の利用については、公の施設における目的内の利用のように、施設ごとに規程を置くのではなく、すべての公の施設及び庁舎等に適用される財務規則（目的外使用許可の条件）、行政財産使用料条例（使用料）、財産の交換、譲与、無償貸付等に関する条例（使用料の減免）を定めるのが一般的である。

　財務規則は、財産管理権を持っている長、教育委員会（教育委員会規則）、企業管理者（規程）がそれぞれ定めることになるが、実際には長の規則を教育委員会と企業管理者が準用（そのまま適用）している自治体が多い。

　恒常的な空き室などがある場合などは、目的外使用許可ではなく契約によって貸し付けることができる（自治法238条の4第2項）。

（3）普通財産

　契約によって貸し付ける（自治法238条の5第1項）。契約条件は財務規則などの規則で定める。対価は、使用料ではなく、いわゆる貸付料として同じく財務規則で定める。条例事項は、減免だけであり、庁舎等と同じ条例（財産の交換、譲与、無償貸付等に関する条例）で定めることが多い。

　貸付けの契約期間中に、その財産を自治体が必要となった場合は、補償を行う必要がある（自治法238条の5第5項）。堅固な建物の用途に普通財産である土地を貸し付ける場合は、自治体における将来の利用見込みについて慎重な

検討が必要である。土地の売却益が補償費で消えてしまう。

Ⅱ　実務の改善のために

〔公の施設の意味と役割〕

　「公の施設」という言葉がある。この「施設」という語感からは、公営住宅、図書館、公民館などの建物、敷地、設備などがイメージされる。社会一般で、「公共施設」という場合も同様である。

　しかし、自治法においては、建物や土地などは、自治体が所有していることを前提として、自治体の「財産」と定義されている。公の施設とは、財産とは別のものである。財産管理の事務を行うに当たっては、「公の施設」と「行政財産」との違いを理解することが必要となる。

〔公有財産と公の施設〕

　どちらも自治法に定義を持つ法令用語である（自治法 237 条、244 条など）。

```
地方自治法（一部略）
　（財産の管理及び処分）
第２３７条　この法律において「財産」とは、公有財産、物品及び債権並び
　に基金をいう。
　（公有財産の範囲及び分類）
第２３８条　この法律において「公有財産」とは、普通地方公共団体の所有
　に属する財産のうち次に掲げるもの（基金に属するものを除く。）をいう。
　一　不動産
　二　船舶、浮標、浮桟橋及び浮ドック並びに航空機
　四　地上権、地役権、鉱業権その他これらに準ずる権利
３　公有財産は、これを行政財産と普通財産とに分類する。
４　行政財産とは、普通地方公共団体において公用又は公共用に供し、又は
　供することと決定した財産をいい、普通財産とは、行政財産以外の一切の
　公有財産をいう。
　（公の施設）
第２４４条　普通地方公共団体は、住民の福祉を増進する目的をもつてその
　利用に供するための施設（これを公の施設という。）を設けるものとする。
```

〔財産（行政財産）〕

「行政財産」の「財産」とは、「所有」を基準とした用語である。自治体の財産とは、自治体が所有しているもの（物と権利）を指す。「財産であるかどうか」は、「その自治体の所有するものであるかどうか」を意味する。

行政財産のほかにも「公有財産」、「普通財産」という財産の区分を決めるための法令用語がある（自治法238条）。公有財産が、行政財産や普通財産の上位の用語となる。

> ・ 公有財産……土地・建物（不動産）など。
> ・ 行政財産……公共用（住民の利用のため）、公用（自治体の事務執行のため）に用いられる公有財産
> ・ 普通財産……未利用地や売却用地及び観光施設や競艇場などに用いられる公有財産（公有財産のうち行政財産以外のもの）

公の施設の敷地や建物は、それが自治体の所有であれば、公有財産の中の行政財産に区分される。

しかし、民間団体などから、土地や建物を賃借あるいは使用貸借して公の施設に用いている場合は、当然、その土地や建物は、公の施設の物的要素であっても、自治体の財産（行政財産）ではない。

よって、自治法の行政財産に関する規定、主なものとしては、行政財産の使用許可や貸付けの制度は適用されない（自治法238条の4第2項4号及び7項）。自販機の設置などを行わせる場合は、賃貸借契約（いわゆる「又貸し」）によることとなる。

〔公の施設〕

「施設」とは、事業や機能を基準とした用語である。本来は、物的なものに限られない。補助金や給付金、あるいは、講師や資格者を派遣する事業などを提供する制度も、住民のための施設である。

施設とは、「しくみ」や「機能」のことであり、住民から見れば、「サービス」のことであると理解してもかまわない。

自治法の「公の施設」も、物理的な土地や建物だけではなく、土地や建物を特定の目的を定めたうえで、住民に平等に利用させるしくみ（システム）全体を指す。

施設として

区分	許可・貸付条件	対価	対価の減免
公の施設	（使用許可） ・法244条の2 I ・設置条例	（使用料） ・法228条 I ・設置条例	（債権放棄） ・法96条 I ⑩ ・設置条例

財産として

区分	許可・貸付条件	対価	対価の減免
行政財産	（目的外使用許可） ・法238条の4 Ⅶ ・財産管理規則	（使用料） ・法228条 I ・行政財産使用料条例	（債権放棄） ・法96条 I ⑩ ・行政財産使用料条例
	（貸付契約） ・法238条の4 Ⅱ④ ・財産管理規則	（貸付料） ・法238条の4 Ⅱ④ ・財産管理規則	（減免） ・法96条 I ⑥ ・財産の交換、譲与、無償貸付等に関する条例

＊法＝地方自治法

図 10 － 3　公の施設の「二枚看板」

　よって、「住民の福祉を増進する目的をもってその利用に供するための施設」（自治法244条1項）と定義されている自治法における「公の施設」とは、「施設のうち、土地や建物を必要的な要素として成立している施設」、つまりは、「公の物的施設」なのである。

〔公の施設と行政財産との違い〕

　行政財産としての「図書館」とは、図書館の土地と建物のことである。一方で、公の施設としての図書館とは、図書館の土地と建物を開館時間や利用のルールを決めて、住民が利用できるようにする機能やしくみのことである。

　「図書館を利用する」とは、図書館という建物を使うことではなく、図書館

という給付（サービス）を利用するという意味になる。図書館の敷地と建物は、公の施設としての図書館の物的要素であり、図書館そのものではない。

　よって、図書館の（建物の）中で行われる事業や催しは、「図書館で行う」ではなく、「図書館は行う」と表現される。公の施設の設置管理条例を確認されたい。

　公の施設を所有という基準で評価すると「財産（行政財産）」、機能、役割、事業から評価すると「公の施設」となる。公の施設は、それが、自治体の所有であれば、「行政財産」と「公の施設」との二枚の看板を掲げられているイメージになる。物理的には（見た目には）一つの公の施設であっても、法的には行政財産と公の施設との二つの性格を持っており、それぞれについての制度が適用される。

〔概念としての公の施設〕

　行政財産は、不動産などの物的で可視的な存在である。対象を定義することによって完全に捕捉することができる。自治法238条4項は、まさに「定義」である。

　一方で、「公の施設」は、機能や役割を指す。物的なものではなく不可視的なものである。目の前にある図書館の土地と建物は、公の施設としての図書館の一部（物的要素の部分）であり、公の施設としての図書館そのものではない。

　よって、「公の施設」の内包として規定されている「住民の福祉を増進する目的をもってその利用に供するための施設」（自治法244条1項）は、法的には定義と呼ばれるものであっても、実質的には「概念」だと考えられる。論理や視覚で捕捉できるものではないからである。

　公の施設を見たことのある人はだれもいない。公の施設を写真に収めようとして図書館を撮影しても、現像されるのは行政財産としての図書館の建物と敷地である。図書館で起こった一日のできごとをビデオカメラで録画したものが、かろうじて公の施設を体現している、ということになる。

おわりに〜復習とさらなる理解のために〜

■ 使用許可についての行政財産と公の施設との対比

　公の施設における自販機の設置は、行政財産の使用許可（いわゆる目的外使用許可）によって行われています。

　自販機は、特に体育館などの公の施設には必要なものであり、行政財産の使用許可ではなく、公の施設の使用許可にできるはずではないかという疑問に基づく検討が、自治体で行われてきました。この点につき、次のような条例もあります。一部を変えています。

Ａ市スポーツ施設設置条例
　（使用の許可）
第4条　施設を使用しようとする者は、市長の許可を受けなければならない。許可された事項を変更しようとする場合も同様とする。
　（特別使用の許可）
第5条　施設において、次の各号に掲げる特別使用をしようとする者は、市長の許可を受けなければならない。許可された事項を変更しようとする場合も同様とする。
　(1)　物品を販売すること。
　(2)　自動販売機を設置すること。
　(3)　広告物等を設置すること。
 2　市長は、前項各号に掲げる特別使用が、施設の管理に支障を及ぼさないと認める場合に限り、前項の許可を与えることができる。

　この条例の「特別使用」は内容としては、行政財産の使用許可のように思えますが、公の施設の設置管理条例で規定していることからは、公の施設の使用としての許可だと評価できます。
　いずれにしろ、「自販機を公の施設の許可で」は、一見、正当な主張であるように思えますが、法的には決定的な欠陥を含んでいます。
　公の施設の使用許可であるのならば、自販機の設置スペースを設けたうえで、設置管理条例あるいは委任規則にその利用方法（許可条件など）と使用料についての規定を設けたうえで、公平に（つまりは先着順か抽選で）使用させなければなりません。条例で定める使用料も低廉なものである必要があります。
　使用料について、多くの自治体で行われているように、入札方式での許可はできなくなります。体育館のバドミントンのコートや生涯学習施設の研修室の利用者を入札で決定することと同じです。また、売上げに比例した使用料を徴収することも適当ではありません。
　政策的なメリットにとらわれることなく、「公の施設」と「行政財産」を理解したうえで、住民ならだれでも利用できることを前提とした「公の施設の許

可（利用目的の確認・利用の調整）」と「行政財産の許可（目的外使用許可。特別な権利の設定）」との本質的な違いを踏まえた検討による法的に成熟した議論が必要とされます。

❷ 自販機や広告の設置

　行政財産の使用許可（目的外使用許可）によって設置する自販機や広告に対して、使用料を徴収したうえで、契約要綱を制定して契約でさらに上乗せ料金を徴収、という2段階のしくみを採用している自治体があります。

　しかし、どこかのよくない店のように、正式に（条例で）示した料金（使用料）以外の追加料金を違法な方法（要綱）で請求することはできません。収入の増加は図れるかもしれませんが、「自治法や条例の規定は行政の都合でどうにでも変更できる」という先例を作ってしまうことになります。

　条例の規定が不当であると考えるのならば、きちんと条例を改正する努力をしましょう。「条例の規定がおかしい。でも条例案を作るのは面倒」では、何も解決しません。また、「議会に反対されるから」は議会が住民総会であることを考えると本末転倒です。条例は制約ではありません。根拠なのです。

❸ 自販機の貸付制度による設置は不適当

　行政財産の貸付けの要件は、目的外使用許可と同じ「その用途又は目的を妨げない限度」です（自治法238条の4第2項）。そこで、庁舎内の自販機なども目的外使用許可ではなく、この貸付制度によっている自治体もみられます。

　しかし、貸付制度は、行政財産の一部であっても、庁舎の空室や庁舎の敷地のまとまった余裕部分ならば、利用目的が決まっていない空き地などの普通財産と同じ扱いができることから設けられたものです（自治令169条の3）。

　よって、庁舎内における自販機の設置を貸付けで行うことはできません。

　また、対象となるのは、行政財産のうち、庁舎等に使われているものだけです。公の施設として使用されている土地や建物は、この貸付制度の対象にはなりません。公の施設内のどの場所であっても、それが、庁舎等であれば貸付制度の対象となる部屋や敷地であっても、契約でコインパーキングや自販機を設置させることはできません。

　公の施設に「いつも空いている部屋や敷地がある」ということは、単に、利用者が少ないか、施設の配置に問題があるということになるはずです。

地方自治法（一部略）
（行政財産の管理及び処分）
第238条の4　行政財産は、次項から第4項までに定めるものを除くほか、これを貸し付け、交換し、売り払い、譲与し、出資の目的とし、若しくは信託し、又はこれに私権を設定することができない。
2　行政財産は、次に掲げる場合には、その用途又は目的を妨げない限度において、貸し付け、又は私権を設定することができる。
　　四　行政財産のうち庁舎その他の建物及びその附帯施設並びにこれらの敷地（以下この号において「庁舎等」という。）についてその床面積又は敷地に余裕がある場合として政令で定める場合において、当該普通地方公共団体以外の者（当該庁舎等を管理する普通地方公共団体が当該庁舎等の適正な方法による管理を行う上で適当と認める者に限る。）に当該余裕がある部分を貸し付けるとき（前3号に掲げる場合に該当する場合を除く。）。

地方自治法施行令
（行政財産である庁舎等を貸し付けることができる場合）
第169条の3　地方自治法第238条の4第2項第4号に規定する政令で定める場合は、同号に規定する庁舎等の床面積又は敷地のうち、当該普通地方公共団体の事務又は事業の遂行に関し現に使用され、又は使用されることが確実であると見込まれる部分以外の部分がある場合とする。

	行政財産			普通財産
	庁舎等		公の施設	
	空地・空室	空スペース		
（目的内の）使用許可	×	×	○	×
目的外使用許可	○	○	○	×
貸付け	○	×	×	○

図 10 − 4　公有財産の目的外使用と貸付けの対象

❹ 使用料と貸付料

　使用料は、公の施設の使用と行政財産の使用（目的外使用）の対価です（自治法225条）。よって、普通財産の場合は、使用料ではありません。

　普通財産については、その使用の対価を表す用語は法令上、用意されていません。行政財産やその管理は行政独自のものですが、普通財産（遊休施設など）は、民間にも存在するからです。普通財産の管理は、自治体が一団体として行っている作用なのです。だから、許可ではなく契約で使用させるのです。

　普通財産については「貸付料」と呼んでいますが、それは法令用語ではなく、自治体の現場で慣用的に使われるようになった言葉が広まったものです。「使用料」という固有の意味を持つ言葉ではなく、単に「貸し付けた際に徴収する金銭」という一般的な意味です。

　このことからも、庁舎のロビーの一角に、目的外使用許可ではなく貸付契約で自販機を設置させることの不当性が分かると思います。庁舎等の建物や敷地のうち、「もはや普通財産化している」部分だけが貸付制度（普通財産と同じしくみ）の対象となるのです。

地方自治法
　（使用料）
第225条　普通地方公共団体は、第238条の4第7項の規定による許可を受けてする行政財産の使用又は公の施設の利用につき使用料を徴収することができる。

---

❺ 財産の区分における判断の余地

　自治体が所有する土地や建物（公有財産）が、それぞれ行政財産であるか、あるいは普通財産なのかは、意図的に決定することではなく、その財産の所有目的に従って自ずと決まります。

　よって、公の施設を廃止した後、建物と土地をそのまま行政財産として管理している場合は、「普通財産にしていない」のではなく「行政財産から普通財産に変わっているのに（そのように管理すべきなのに）、それに伴う台帳整理を行っていない」ことになります。

　ただし、観光施設、道の駅、物産館などは、設置・管理の目的において、住民の利用と住民以外の利用の双方を予定しているので、以下のように、財産の区分について判断の余地があります。

> ①　住民の利用（生産者による物販）が主であると評価した場合
> 　　行政財産に区分し、公の施設として管理する。
> ②　観光客の利用（休憩など）が主であると評価する場合
> 　　普通財産として管理する。

　普通財産として管理した場合、生産者が物販スペースを利用するときは、貸付けによることになりますが、貸付契約の締結権限は委託（委任）できません。自治体が行います。管理委託の範囲は、清掃、警備、案内などの事実行為に限られることになります。

　許可や契約の締結権限を委任することについては、法律上の根拠が必要ですが、普通財産の管理については、公の施設の管理における指定管理者制度に相当する法制度が存在しないからです。

　よって、使用関係の指定まで委託（委任）しようとする場合は、指定管理者制度を採用するために、政策的に①であると判断することになります。

	財産管理の目的	主な利用者	委託できる範囲
行政財産 （公の施設）	公の施設	住民	許可を含めた管理全般 （指定管理者制度）
普通財産	観光施設	観光客	貸付契約以外の 清掃・警備・受付等のみ （業務委託）

図 10 − 5　道の駅や物産館における財産の区分

| 第11章 | 指定管理者制度のしくみ
〜委託の方式・制度と委託できる範囲〜 |

はじめに

　指定管理者制度は、公の施設の管理を民間団体などに包括的に委託できる制度です。自治体の事務については、法令に特別な規定がない限り、許可や契約などを決定する権限（法的権限）を伴うものは民間団体へは委託できません。

　公の施設の管理については、民間のノウハウを生かすことが求められ、また、行政固有の知識や能力が必要な場面が他の事務に比べて少ないため、自治法によって、法的権限を委託できる指定管理者制度が設けられています。

　指定管理者を決定する際には、住民の権利を守るために、議会の議決などの業務委託とは違った手続きが用意されています。

Ⅰ　まずは、制度を理解しよう！

■ 公の施設の管理の内容

　公の施設の管理（公の施設の設置目的を実現させるためのさまざまな作用）の事務（しごと）は、①物的な管理②人的な管理③法的な管理に分けることができる。

---

　①　物的な管理……施設の清掃、補修、点検など
　②　人的な管理……受付、案内、講座やイベントの実施など
　③　法的な管理……施設の使用許可、使用料の決定、使用料の減免、
　　　　　　　　　　　行政財産の使用許可（目的外使用許可）、同使用
　　　　　　　　　　　料の決定・減免など

---

　③は、住民の権利や義務に直接かかわる法律行為（行政処分）の事務である。また、①及び②は、法律行為の事務ではないという意味合いから「事実行為（の事務）」と呼ばれる。公の施設の管理に限らず、自治体の事務は、その行政分野（税、福祉、財務など）だけではなく、「法律行為か事実行為か」、つまりは、「住民の権利や義務に直接かかわることかどうか」という観点から分けられ、その分類に従って、適用される法令や制度が異なっている場合が多い。

用語	意味
公の施設の管理	公の施設をその設置目的に従って維持する作用。
事実行為	自治体の事務のうち、住民の権利義務の発生に直接関係のないもの。法的な行為でないもの。
法的行為	自治体の事務のうち、住民の権利や義務を発生させる行為。行政処分（許可など）や契約。
権限	その事務（しごと）を行う地位と責任。法的権限のみを「権限」と呼ぶことが多い。
法的権限	行政処分や契約を行う権限。
業務委託	自治体の事務を民間団体に委託する（任せる）こと。民法における「請負」「委任」「準委任」のいずれか、あるいはそれらの組み合わせを内容とする。法的権限は委託できない。
委託	業務委託と同じ意味に使われることが多い。業務委託と指定管理委託を併せたすべての委託を指す場合もある。

図 11 － 1　指定管理者制度の理解に必要な用語

（請負）　①物的な管理（施設の清掃、補修、点検など）

第６３２条　請負は、当事者の一方がある仕事を完成することを約し、相手方がその仕事の結果に対してその報酬を支払うことを約することによって、その効力を生ずる。

（委任）　③法的な管理（施設の使用許可、使用料の徴収・減免）

第６４３条　委任は、当事者の一方が法律行為をすることを相手方に委託し、相手方がこれを承諾することによって、その効力を生ずる。

（準委任）　②人的な管理（受付、案内、講座やイベントの実施など）

第６５６条　この節の規定は、法律行為でない事務の委託について準用する。

図 11 － 2　委託に相当する民法の規定

❷ 公の施設の管理における委託方法

公の施設の管理を民間団体に委託する方法は、二通りある。

> ① 業務委託
> ② 指定管理者制度による委託（指定管理委託）

指定管理者制度について、業務委託とは根本的に異なる制度である。あるいは、「委託ではない」と理解している職員・議員も少なくない。指定管理者制度も自治体が管理している公の施設の管理を委託する制度、つまりは、「委託の指定管理方式＝指定管理委託」であり、あくまで委託の方式の一つである。

よって、指定管理者制度を理解するためには、まず、自治体事務の委託や民法の契約に関する全般的な見識が欠かせない。「委託」が理解できなければ、「指定管理者制度」も理解することはできない。

各自治体で、指定管理者制度を担当する職員が「指定管理者制度だけの専門」に終始していたのでは、同制度を適切かつ効果的に運用することは難しい。

❸ 業務委託

（1）委託とは？

「委託」とは、「事務（しごと）を依頼すること」を意味する。

民法は、社会で比較的頻繁に行われている契約について、基本的な事項をひな形として規定しているが、「委託契約」という類型は、民法には存在しない。「委託（契約）」とは自治体や民間団体における実務の現場で発生し、使われている事実上の契約類型である。

委託契約とは、民法に規定のある以下の契約のいずれか、あるいは、いずれかの組合せを指すことが多い。

> ア　請負（ものの完成の委託。例：建築工事の発注）
> イ　委任（法律行為の委託。例：契約締結の委任）
> ウ　準委任（サービスの委託。例：健康診断の実施）

公の施設の管理に置き換えると、以下のようになる。

> ①　物的な管理の委託……ア　請負契約
> ②　人的な管理の委託……ウ　準委任契約
> ③　法的な管理の委託……イ　委任契約

（2）業務委託とその根拠

　公の施設の管理を含め、自治体の事務（しごと）は、その効果的な執行のために、民間団体などに委託されることも多い。これが、業務委託である。実務上、単に「委託」といえば、業務委託を指す場合が大半であるため、「委託」と「業務委託」とは同じ意味で使われていると考えてもかまわない。

　しかし、自治体のどんな事務について、どのような手続きを経ることによって業務委託（委託）できるのかという、業務委託についての一般的なルール、つまり、業務委託についての法的根拠は、自治体制度の基本法である自治法のどこにも存在しない。

　委託に関することに限らず、このように法的な課題について、法令の規定が存在しない場合については、以下のような正反対の二つの判断が考えられる。

> ①　「やってもよい」という根拠（授権）がないから行うことはできない。
> ②　「やってはいけない」という規制（禁止や制限）がないから行うことができる。

　自治体事務の委託の場合は、自治体の事務を何もかも自治体職員が直接行わなければならない理由、逆にいえば、委託を禁止する積極的な理由はないと考えられるので②の「『やってはいけない』という規制（禁止や制限）がないから行うことができる」という判断が採られている。

　ただし、住民の権利や義務を決定する行政処分や契約については、その決定権限を、法律や条例で指定された、つまり、国民や住民の代表である議会から信託された長などの行政庁から法律の根拠なしに、長などの判断だけで委託（委任）することはできない。

　したがって、自治体の事務のうち、法的な権限の行使を伴わない事実行為の事務については、「○○の事務を委託することができる」という根拠規定がなくても、原則として、委託が可能である。道路の補修もパンフレットの印刷も

委託できるという根拠はないが、当然に、契約によって委託（業務委託）することができるのである。

　公の施設の管理も、使用許可や使用料の決定などの法的な管理の事務以外は法令の根拠なしに業務委託（委託）できることになる。

　一方、法的な権限が必要な法律行為の事務については、「行うことができる」という法律の根拠がなければ、その決定権を委託することはできない。

〔自治体の事務についての委託の原則〕

> ア　事実行為の事務は法律の根拠がなくても委託できる（業務委託）。
> イ　法律行為の事務を委託するためには、その事務を委託できるという
> 　法律の根拠が必要（法律の規定による委託）。

これを公の施設の管理に置き換えると以下のようになる。

> ①　物的な管理の委託
> ②　人的な管理の委託
> 　　委託の根拠不要。業務委託方式で委託できる。
> ③　法的な管理の委託
> 　　委託するためには法律の根拠が必要。業務委託方式では委託できない。

❹ 業務委託の特例としての指定管理者制度

　指定管理者制度は使用許可という法律行為の事務も委託することができる。自治法244条の2第3項が「法的な管理の委託の禁止」を解除する根拠である。

> 地方自治法（一部略）（下線筆者）
> 　（公の施設の設置、管理及び廃止）
> 第244条の2第3項
> 　普通地方公共団体は、公の施設の設置の目的を効果的に達成するため必要があると認めるときは、条例の定めるところにより、法人その他の団体であつて当該普通地方公共団体が指定するもの（指定管理者）に、当該公の施設の管理を行わせることができる。

　自治法244条の2第3項の「行わせる」は、法文においては「主体的にその事務にあたらせる」という意味に使われる。

　公の施設の管理のうち、事実行為の事務だけを委託する（使用許可は、引き続き自治体職員が行う）のであれば、業務委託方式によって民間団体に委託することができる。これは、道路工事や印刷物の発注と同じ、自治体で広く行われている入札などの手続きを経た契約による委託である。

　1①の物的な管理及び②の人的な管理（事実行為）だけではなく、③の使用許可（法律行為）を含めて公の施設の管理を委託するためには、業務委託ではなく指定管理委託によらなければならない。指定管理委託は、公の施設の管理を包括的に委託できるしくみなのである。

	法律に委託（委任）できる根拠があるもの	法律に委託（委任）できる根拠がないもの
法的な権限（実質的な権限）が必要な事務	○（＊1）	×
事実行為の事務	○	○（＊2）

＊1　例として、公の施設の管理の事務（使用許可権限）を委託（委任）できる
　　自治法244条の2第3項
＊2　事実行為であれば、法律の根拠がなくても委託できる（権限の委任が必要ないから。）。

図11－3　自治体の事務を委託できる範囲（総論）

委託の方式	法的効果	使用料	利用料金
指定管理者制度	収入の帰属	自治体	指定管理者
	徴収権限	長（徴収委託の場合は指定管理者） ＊教委にはない	指定管理者
業務委託	収入の帰属	自治体	―
	徴収権限	長（徴収委託の場合は受託者） ＊教委にはない	―

図 11 － 4　使用料と利用料金との違い

	法律の根拠がなければ委託できない	法律の根拠がなくても委託できる
物的管理	×	○
人的管理	×	○
法的管理	○	×

	指定管理者制度	業務委託（契約）
清掃、補修等	○	○
受付・案内等	○	○
使用許可	○	×
使用料の徴収	別途、公金の徴収委託が必要	
使用料の減免	×（委託できる根拠なし）	
利用料金の徴収・減免	指定管理者自身の行為	―（制度なし）
目的外使用許可	×（委託できる根拠なし）	

図 11 － 5　公の施設の管理における委託方法と委託できる範囲

		公の施設	普通財産 行政財産
設置根拠		条例	規則
委託の範囲	人的管理 （利用調整、 事業実施等）	業務委託（契約）	業務委託（契約）
	物的管理 （清掃、補修等）	業務委託（契約）	業務委託（契約）
	法的管理 （使用許可、 貸付契約）	指定管理委託 （指定＋議決）	委託できない

図 11 － 6　財産の区分と委託の方式

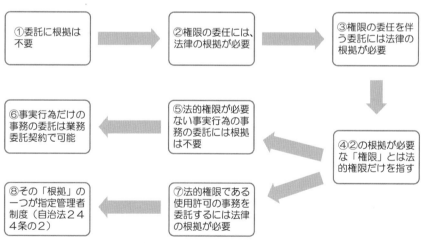

図 11 － 7　委託の根拠と権限の委任についての制限

⑤ 指定管理者に委託できない事務

❶③の法的な管理（法律行為の事務）の中で、指定管理者制度によって委託できる範囲に含まれない事務や❶①②の事実行為であっても、委任に際して根拠が必要な事務がある。

（1）使用料の徴収（自治法243条、同法施行令158条）

事実行為であるが、指定手続と別の手続きである私人への公金委託が必要である。

（2）目的外使用許可（自治法238条の4第7項）

長又は教育委員会の専権であり、指定管理者だけではなく、自治体職員や他の執行機関以外には委託（委任）できない（民間団体へ委託できる根拠がない）。

目的外使用許可は、指定管理者制度の対象である公の施設についての制度ではなく、庁舎などにも共通する行政財産についての制度である。公の施設に自販機などを設置させる際も、それは、公の施設の目的外使用許可ではなく「行政財産の使用許可（目的外使用許可）」である。

（3）公営住宅、都市公園などの許可

個別の法律で指定管理者には委託できないとされている。包括的に管理を委託できるとする自治法の指定管理者制度の規定よりも、管理者は自治体の長であるとする、公営住宅法、都市公園法などの個別の法律の規定が優先される。ただし、条例上の許可は委託できる。

この点につき、「許可」は法律行為なので、許可書という文書によってのみ、その存在が認識される。よって、実際にはだれが決定していても市長名で文書を出せば、法律行為の場合は、市長が判断し決定したという外形を整えることができる。

そこで、申請の受付や相談を自治体の管理下で指定管理者に行わせ、許可書を長の名で発行することはできる。その際は、自治体における許可の決裁が必要である。

Ⅱ　実務の改善のために

❶　業務委託と指定管理者制度の正当な使い分け

　公営住宅、都市公園などは、それぞれ、公営住宅法、都市公園法などで管理者が自治体の長であるとされており、これらの個別法による管理者の規定は、自治法の指定管理者制度の規定に優先する。

　よって、例えば、公営住宅に指定管理者制度を導入しても、指定管理者が入居決定を行うことはできず、基本的には、受付、清掃、補修、苦情処理などだけが指定管理者への委託の内容となる（駐車場など付属施設についての条例上の許可権限は委託可能）。また、許可権限を委託できる公の施設においても、あえて、使用許可の権限を除いて指定管理者に委託している場合もある。いずれも、本来、入札による契約で業務委託すべきものである。

　この点につき、指定管理者制度は入札手続が不要であるため、価格的な競争力のない特定の団体に委託したいための「競争入札逃れ」の手段として、指定管理者制度が濫用されていると考えられる例も見られる。指定管理者の指定の議案においては、まず、「業務委託契約ができるのに、なぜ指定管理者制度を導入するのか」について審議される必要がある。

❷　契約ではなく指定（行政処分）によって委託される理由

（1）契約は一方的に解除できない

　指定管理者制度は、あくまで委託の一方式である。にもかかわらず、業務委託のように契約ではなく、議会の議決を経た指定という行政処分によって委託する方式が採られている。

　その理由は、公の施設の管理における法的な安定性の確保にある。

　業務委託のように契約の場合、委託契約書に「○○の場合は、市は契約を解除することができる」と規定され、かつ、受託者の行為が○○（違反条項）に該当していたとしても、あくまで「契約（合意）」であるため、受託者が契約違反を認めなかった場合は、民間における契約上のトラブルがそうであるように、裁判所の力を借りなければ契約違反をした受託者による管理を止めることはできない。それでは、公の施設における住民の利用権を十分に確保することはできなくなる。契約は、当事者のどちらかが、一方的に解除することはできないのである。

　それでも、業務委託契約の場合は、公の施設の使用許可は、委託後も自治体

契約ではなく「指定」
という行政処分で委託する

受託者が不適切な管理を行った際は、一方的に委託関係を解消することができる。
→法的安定性の確保

	①選定方法	②手続	③民間への委託	④法的権限（許可権限）の委任
業務委託	なし（契約）	なし	できる	できない
事務の代替執行（252条の16の2）	規約（契約）	議決	できない	できない
事務の委託（252条の14）	なし（契約）	議決	できない	できる
指定管理者制度（244条の2）	行政処分（指定）	条例の制定議決	できる	できる

図11-8　指定管理委託と業務委託の違い

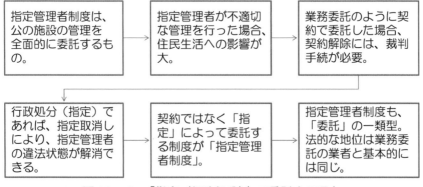

指定管理者制度は、公の施設の管理を全面的に委託するもの。

指定管理者が不適切な管理を行った場合、住民生活への影響が大。

業務委託のように契約で委託した場合、契約解除には、裁判手続が必要。

行政処分（指定）であれば、指定取消しにより、指定管理者の違法状態が解消できる。

契約ではなく「指定」によって委託する制度が「指定管理者制度」。

指定管理者制度も、「委託」の一類型。法的な地位は業務委託の業者と基本的には同じ。

図11-9　「指定（行政処分）」で委託する理由

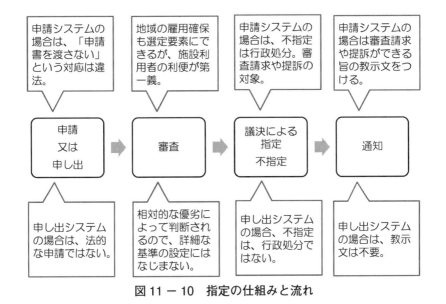

図 11 − 10　指定の仕組みと流れ

が行っているため、受託業者が委託契約に違反した不適切な行為があったとしても、直ちに住民の利用自体ができなくなるわけではない。

（2）指定（行政処分）による法的安定性の確保

しかし、指定管理者制度による委託の場合は、使用許可の権限を含めて公の施設の管理事務すべてを委託している。指定管理者が不適当な管理を行えば、住民の利用が直接、阻害される。

そこで、公の施設の管理を全面的に行うという指定管理者の地位の重要性にかんがみ、指定という行政処分（自治体の一方的な意思表示）で委託することによって、自治体が指定を取り消した場合には強制的に管理を止めざるを得なくなるという制度設計をし、自治体と指定管理者との委託関係における法的な安定性を確保しているのである。

❸ 指定の手続き
（1）指定手続における「申請システム」と「申し出システム」

各自治体の条例における指定手続は、二つに大別できる。

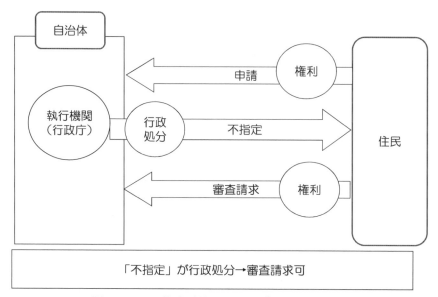

「不指定」が行政処分→審査請求可

図 11－11　指定手続における「申請システム」

① 申請システム

> （指定管理者の指定の申請）
> 第 3 条　指定管理者の指定を受けようとする団体は、申請受付期間内に申請
> 　書に次に掲げる書類を添えて、市長に申請しなければならない。

　指定を希望する者（以下「指定希望者」）に申請権を与えるシステムである。この場合、申請書を提出すれば、必ず審査され、指定か不指定かの行政処分を受けることが権利として保障される（行政手続法 7 条）。

　不指定の場合は、取消しや指定を求めて審査請求や取消訴訟を行うことができる。

② 申し出システム

> （指定管理者の指定の申し出）
> 第 3 条　指定管理者の指定を受けようとする団体は、申請受付期間内に申請
> 　書に次に掲げる書類を添えて、市長に申し出ることができる。

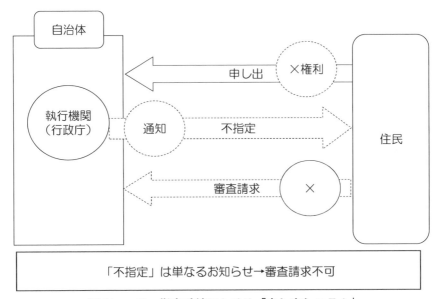

図11－12　指定手続における「申し出システム」

　指定希望者に申請権を認めず、指定希望者からの「指定管理者になりたい」という意思表示を「申し出」とするもの。法的に保障された申請ではなく、要請であり、情報提供である。
　指定は行政処分となるが、不指定は単なる通知（お知らせ）にすぎず、不指定に対する審査請求等はできない。

（2）「申請システム」（申請→指定）は不適当
　申請システムを採用することは、あらゆる団体に対し、指定管理者になることを希望する権利を認めることを意味する。行政手続法7条にも「申請は必ず処理しなければならない」と規定されている。
　指定の役割は、業務委託における契約の締結に代わって、契約関係を設定（委託契約先を決定）することにある。自治体と指定管理者との法律関係の本質は業務委託の業者との関係と同じである。よって、業務委託の受託希望者に認められていない申請権を指定希望者にだけ確保する理由はない。
　指定においては、「申請システム」よりも、「申し出システム」が適当である。

（3）「申請システム」の欠陥

申請システムを採用した場合、不指定となった団体は審査請求ができる。そして、仮に、長や教育委員会が、不指定について違法又は不当であったと認めた場合は、不指定を指定に変更するか、あるいは、再審査をすることとなる。

しかし、指定や再審査にあたっては、現に指定されている団体の指定を取り消さなければならなくなる。許可における申請とは異なり、指定の申請は競合するからだ。

▉ 根拠が必要ない業務委託に根拠が置かれている意味

業務委託には根拠は必要ないにもかかわらず、業務委託について法令に規定がある場合（廃棄物処理法6条の2など）、それは、「委託できる」という根拠ではなく、以下のいずれかである。
①民間に委託することを前提とした事務であることを確認する（委託を促す）。
②委託の手続きあるいは委託先などに特別な制限を設けている。

▉ 組織としての公の施設の存在

自治体が公の施設を職員の配置によって管理（直営）あるいは、業務委託している場合、その公の施設における職員体制は、自治体組織の一部である。通常は、課あるいは係に位置付けられる。公の施設とそこに置かれている課（係）は別の存在である。

よって、部（課）設置条例や組織規則において、直営している公の施設を課（係）として位置付けておかなければならない。

公の施設の設置管理条例があれば、組織規程は不要であると誤解している自治体も見られる。指定管理者制度を採用した施設においては、職員がいなくなるので、課（係）としての公の施設を組織規則等から削除することとなる。

おわりに～復習とさらなる理解のために～

〔指定管理者から自治体への寄付〕

指定管理者の収益の一部を自治体へ納付させている例があります。その際、指定管理者の代表が自治体の長である場合には、指定管理者から自治体への寄付という形を採っているようです。

この「寄付方式」を採用している理由は、明快です。自治体の代表と指定管

理団体の代表が同じ人なので、寄付契約は容易に成立するからです。団体の代表でもある長が右手と左手にそれぞれ、自治体の代表者印と団体の代表者印を握って、ポンと契約書に押せばよいのですから。

〔双方代理の条文への抵触〕

この「両手寄付方式」は、民法108条の「同一の法律行為については、相手方の代理人となり、又は当事者双方の代理人となることはできない」という「双方代理の禁止」の規定に抵触します。

そこで、指定管理者か自治体かどちらかの契約権限を他の理事や副市町村長に委任することが考えられます。そうすれば、どちらかの印鑑が長の名義ではなくなるのですから、外形上は、双方代理の規定には違反しません。

〔双方代理の趣旨への抵触〕

しかし、指定管理者である団体は自治体から独立した「人（権利義務の主体）」です。その団体の代表である長は、その立場においては自治体の長ではありません。団体の利益を図る立場に立つ団体の機関です。いわば、団体の「イタコ」です。ですから、団体の霊がしっかり憑依していなければなりません。

団体の霊が「利益を自治体に寄付してくれぇ～」などとイタコである代表に伝えるはずはありません。そのイタコは霊能力がないか、あるいは、自治体のイタコです。

代表者が自分の団体の利益を犠牲にして自治体の利益を図ることは、その団体に対する背任行為なのです。寄付契約の名義を副市町村長に変えてもその本質は変わりません。

長が代表である指定管理者から、自治体が寄付を受けることはできません。それは、民法の条文にあてはまるかどうかの問題ではなく、寄付が団体の本当の意思であるかどうかの問題なのです。

〔協定による指定条件の設定〕

指定管理者の収益を自治体に納付させるには、「両手寄付方式」でなく、指定する際の条件として、一定の利益が発生した場合には、自治体に一定の額を納付することを明確に示したうえで、それを指定後の協定（委託契約の内容の一つ）として規定することが必要です。

寄付を条件として、公の施設の管理受託契約を得られるのですから、団体の

利益を害することにはなりません。

　「代表者が同じであるから、両手で印鑑を持ってそのまま押せば寄付契約ができる」という物理的な思考ではなく、「団体と自治体との権利義務を適正に設定したうえで、目的を達成する」という法的思考で課題を解決していきましょう。

第 12 章 指定管理者制度の自主事業

はじめに

　指定管理者が公の施設において行う活動は、以下に分けられます。

・指定管理者として行うもの……管理行為

・指定管理者ではなく一団体として行うもの……営利行為

　指定管理者が自主的な事業（自主事業）を行う際には、管理行為として行う場合と営利行為として行う場合で、「必要な手続き」と「収入の帰属」が異なります。

Ⅰ　まずは、制度を理解しよう！

1 指定管理者の法的地位

　指定管理者制度の運用にあたっては、指定管理者が、住民や自治体に対しどのような権利を持ち、義務を負うのかということが課題となる。

　個別具体のケースにおける指定管理者の権利や義務を検討するためには、まず、公の施設の管理における指定管理者の法的立場（役割）を確定しておかなければならない。

　公の施設の管理は、以下①～③のしくみで行われている。

> ①　「自治体」の事務で、
> ②　「長あるいは教育委員会」が権限を持ち、
> ③　「職員」が実際に処理する。

　指定管理者は、公の施設の管理を任されるのであるから、①「自治体」②「長あるいは教育委員会」③「職員」の中のだれかの法的立場（役割）を譲り受けることになる。

　指定管理者は②長や教育委員会の代役であり、自治体の機関の立場に立つ。言い換えれば、指定管理者は指定によって自治体から公の施設の管理という「事務（しごと）」そのものを委譲（渡す）されているのではなく、自治体の事務であることはそのままで、自治体の事務を行う「権限」だけを委任されている

	必要な手続き		法的な効果	
	使用許可 手続	使用料の 支払	収入の帰属	賠償責任
指定管理者 としての 行為	不要	不要	自治体	自治体 （最終的には） 指定管理者
利用者 としての 行為	要	要	指定管理者	指定管理者

図12－1　指定管理者の行為と手続き・効果

のである。指定管理者は、公の施設の管理権限だけを持つ「小さな執行機関」になるのだと理解すれば分かりやすい。

　よって、基本的には、指定管理者が住民に対して行った行為の効果は、すべて、指定管理者である民間団体ではなく、自治体に帰属する。具体的には、以下のものである。

　ア　指定管理者がその管理行為によって得た収入
　イ　指定管理者がその管理行為によって住民に与えた損害

　ア・イは、いずれも、自治体のもの（責任）となる。ただし、アについては、条例によって利用料金制度を採用した場合は、住民からの使用料は利用料金として指定管理者の収入となる（自治法244条の2第8項）。

❷ 自主事業の法的な位置付けと必要な手続き

　指定管理者が管理している公の施設では、イベントの実施やグッズ販売など、指定管理者のスキルや発案で行っている事業、いわゆる「自主事業」が行われている。自主事業の実施方法は二つある。

> A　指定管理者として、つまり、管理行為（公的行為）として自主事業を行う。
> B　指定管理者としてではなく、一民間団体の行為（営利行為）として自主事業を行う。

　Aの場合は、指定管理者（管理者）として行うので、自治体の許可などの手続きは不要である。その自主事業が以下のものかどうかを自治体と確認して行うことになる。

> ・　協定書に記載されているものかどうか
> ・　協定書に記載されていなければ、公の施設の目的にあっているものかどうか

　Bの場合は、指定管理者という立場を離れて、自らの許可、あるいは、本来の管理者（長又は教育委員会）から目的外使用許可（自治法 238 条の 4 第 7 項）を受け、自治体に使用料（利用料金の場合を除く）を支払って実施することとなる。
　当該自主事業の性質によって、A又はBのいずれかの手続きを選択することとなるが、実際には、内容的にA、Bのどちらでも実施が可能な自主事業が多い。

🔳 住民に対する賠償責任
（1）賠償責任は自治体にある
　指定管理者が管理する公の施設において、不適切な管理によって利用者（住民）に損害が発生した場合は、指定管理者ではなく、自治体に賠償責任が発生する。指定管理者は、住民に対して損害賠償責任は負わない。

（2）協定の必要性
　しかし、損害発生の原因となる人的、物的な管理上のミスを発生させるのは、実際に管理を行っている指定管理者の従業員である。また、施設の構造上の欠陥についても、それを発見できるのは同じく指定管理者の従業員だけである。
　したがって、指定管理者が管理する公の施設における事故については、自治体ではなく指定管理者が損害を負担することが正当である。
　そこで、協定書において、以下の①②を明記する。

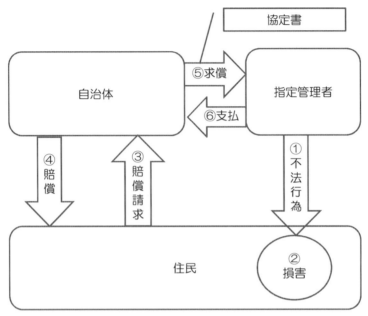

図12－2　指定管理者の不法行為による賠償責任

①　施設の管理に起因する損害については指定管理者が賠償すること
②　施設の構造上の欠陥を発見した際は報告すること

　それによって、施設の欠陥による事故を未然に防ぐとともに、施設の「（管理ではなく）設置の瑕疵」であっても「（設置者ではない）管理者」である指定管理者に負うべき責任を負わせることができる。
　指定管理者が損害賠償責任を負う具体的な手順としては、以下のとおりとなる。

①②管理不全による住民（利用者）の損害の発生
→③利用者から自治体への賠償請求
→④自治体による利用者への賠償
→⑤自治体から指定管理者への利用者に支払った賠償額の求償
→⑥指定管理者から自治体への支払い

　④は法律（国家賠償法 2 条）に基づく自治体の負担であり、⑥は自治体と指定管理者との協定（契約と同様の効果を持つ）による指定管理者の負担である。

　また、指定管理者による不法行為の発生が委託業務の債務不履行にあたることを明確に協定に規定し（規定がなくても、当然、債務不履行にあたるが）、指定管理者の自治体に対する損害賠償責任を担保しておくことも有効である。

（3）保険加入の必要性

　指定管理者には事故の際の多額の損害賠償能力がない団体も存在する。よって、以下のいずれかの措置が必要となるが、自治体が一括して保険契約を行うこととなるため、②の方法がより適切である。

---

①　指定管理者に損害賠償保険の加入を義務付ける。

②　自治体が契約する損害賠償保険に指定管理者を追加被保険者として加える。

Ⅱ　実務の改善のために

1 指定管理者は自治体から独立した存在ではない

　指定管理者は、自治体の機関の立場に立ち、自治体から独立した地位で公の施設の管理を行うものではない。一方で、自治体から指定を受けて委託料を得ることにおいては、自治体から独立した委託契約の相手方である。

　この二つの立場を持つことは、長や教育委員会の委員、そして、自治体職員と同じである。職員も公務を行う際は自治体の機関であり、職員の行為の効果は自治体に帰属するが、給与や報酬を得る際は、自治体と対当な労働契約の相手方である。

2 自主事業の収入は自治体のもの

　長又は教育委員会から目的外使用許可を得ずに、管理行為（公的行為）として自主事業を行う際は、指定管理者は自治体の機関の立場に立つ。よって、自主事業の収入は、指定管理者が行う公の施設の管理事務における権利義務の主体である自治体に帰属する。

　指定管理者が自らの発案によって自主事業を実施しても、それによる収入（利

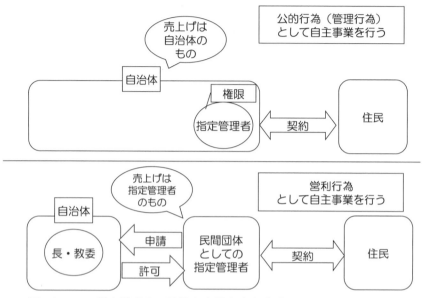

図12－3　指定管理者の法的な立場と自主事業における収入の帰属

益だけではなく、総売上げ）は自治体の収入になる。

　自主事業による収入を指定管理者のものにするためには、許可、あるいは、目的外使用許可を受けて、指定管理者ではない民間団体の営利行為として行う必要がある。

　大多数の自治体では、許可や目的外使用許可の手続きを経ずに管理行為として自主事業を行わせ、その収入を指定管理者に帰属させる違法な制度運用を行っている。管理行為として行った自主事業による収入は公金であることに十分な理解と対処が必要である。

❸ 指定管理者に補助金は支出できない

　指定管理業務に対しては補助金は交付できない。委託料との二重払いになる。補助金を交付する場合は、管理業務に使用するのではなく、指定管理者である団体が行う他の公益的活動に対して支出すること（指定管理業務とは関係がないこと）を明確にして行う必要がある。

❹ 公の施設を指定管理者の事務所にはできない

公の施設の一部を管理業務の必要性を超えて、指定管理者の団体事務所として使用することはできない。あえて、使用させるとすれば、行政財産の使用許可（目的外使用許可）が必要である。

NPO である指定管理者などが、公の施設を本拠として法人登記を行っている例があるが、直ちに訂正させなければならない。

❺ 指定管理者による無償・優先（独占）利用は違法

公の施設である直売所や道の駅などについて、その施設の主たる利用者である地元の生産者団体などを指定管理者に指定している例が多く見られる。

その際、指定管理者である生産者団体は、公の施設である直売所の管理者（指定管理者）として、自治体に代わって直売所の管理を行う立場にある。利用者のために直売所を管理しなければならず、自分の利益を図ることはできない。

指定管理者が直売所で自らが生産した農産物などを販売したければ、管理者としてではなく、利用者として、他の利用者と同様の手続きが必要となる。具体的には、使用申請を行い、使用料を支払わなければならない。他の利用者より優先的に使用することや、指定管理者だけが特別の基準で使用料の減免を受けることも、当然、違法である。

にもかかわらず、多くの自治体では、指定管理者において、管理と利用との区別がついておらず、いわば、「泥縄管理」ないしは「管利」と呼ぶべき状態が継続している。当該生産者団体に加入していなければ使用させないという、甚だしい例もある。

スポーツ施設を管理している団体が恒常的にイベントを開催するため、一般の利用が阻害されている例もある。

おわりに〜復習とさらなる理解のために〜

〔公の施設の「管利」をチェックしましょう〕

指定管理者が、公の施設を利用する場合は、指定管理者としてではなく、一つの団体として他の利用者と同じように利用手続が必要となります。

Ⅱ❺の「指定管理者による無償・優先（独占）利用」は、自治体の公の施設で広く見られます。指定管理者制度を適切に運用するための最も大きな課題の一つです。クイズ形式で、詳しく分析してみましょう。

　Ｔ町は、農産物や特産品の直売所を開設しました。連日、町外からの客も含め多くの来場者で賑わっており、売上げも好調です。

　特に地元の生産者団体「泥縄クラブ」（泥ク）が７年もの歳月をかけて研究・開発した名物の「餡なしおはぎ」は、全く味がしないが低カロリーで良い、と大評判です。消費者の健康志向を的確に捉えた戦略が成功したようですね。こんな時代でも苦労は必ず報われるのです。とってもいい話ですね。

　直売所は泥クが指定管理者として管理し、販売コーナーは、泥クが独占的に使用しています。では、以下のクイズに答えてください。

問題１：泥クが餡なしおはぎを販売する際には、直売所の使用申請を行う必要があるでしょうか。
①　ある
②　指定管理者なのだから必要ない

　法的な課題の解決に取り組むときには、ア「登場人物」を確定する。イ「確定した登場人物を法律関係（契約又は行政処分）で結びつける」という作業、つまり「法律関係の整理」が必要です。

　その際のポイントは、同一人物であっても法律関係ごとに別の人として扱うことです（「別人ルール」）。

　法律関係ごとに、「○○者」、「××者」というように、法的に評価していく、つまり、法律関係という物語ごとに役柄を決めていく必要があります。なぜなら、法律関係は、契約又は行政処分ごとに成立・存続するからです。

　この問題１の登場人物は、まず、Ａ直売所の設置者であるＴ町、ＢＴ町に管理を委託された指定管理者の泥ク、Ｃそして、直売所の利用者である泥クの三者です。ＢとＣとは法的には別人であることを理解してくださいね。

　Ｂの泥クは、公の施設の管理者（指定管理者）として、Ｔ町長に代わって直売所の管理を行う立場にあります。だから、管理者泥クは利用者のために施設を管理しなければならず、施設で自分の利益を図ることはできません。

　シュールなおはぎを売って儲けたければ、管理者としての泥クではなく、他の利用者と同じように利用者としての手続きが必要となります。

　管理者の泥クに利用者である泥ク（法的には、両者は全く別の人物）が使用許可を申請しなければなりません。正解は①となります。

> 問題 2 ：泥クは、使用料を支払う必要があるでしょうか。
> 　①　ある
> 　②　指定管理者だから必要ない

　前問で検討したように、管理者の泥クと利用者の泥クは別人です。泥クが直売所で自己のために物販を行うには、利用者としての手続きが必要です。使用料は利用者の泥クがT町に支払うことになります。正解は①となります。

> 問題 3 ：泥クは、泥ク以外の個人や団体が直売所を使用したいと希望した場合、拒否できるでしょうか。
> 　①　指定管理者だから拒否できる
> 　②　拒否できない
> 　③　餡の入ったおはぎの販売だけは拒否できる

　この直売所は「公の施設」です。だれでも平等に利用できます（自治法244条2項）。仮に、主に泥クだけが利用することを想定して設置したとしても（おかしな話ですが）、公の施設に位置づけた以上は、泥クの独占利用は違法です。管理者泥クは自分の使用申請と他者の使用申請を平等に審査しなければなりません。権限を濫用してはいけないのです。正解は②となります。

> 問題 4 ：「餡なしおはぎ」の売上げはだれのものになるでしょうか。
> 　①　泥ク
> 　②　T町

　使用許可を受けていれば泥クのものですが、本件のように許可を受けていない場合、泥クは利用者としておはぎを売ることはできません。
　よって、おはぎ販売は、利用者としての泥クではなく、管理者としての泥クの行為となります。つまり、T町からの委託を受けておはぎを販売していることになるのです。売上げは公金として全額T町に納めなければなりません。正解は②となります。

　この施設については、「確かに法的には間違っているかもしれないが、地元団体も儲かっているし、町も施設の委託料を節減できている。政策としては有効じゃないか！」との反論が予想されます。しかし、本当にT町は委託料を節減できているのでしょうか。次の問題で検討してみましょう。

> 問題5：T町は、委託料を泥クに支出する必要があるでしょうか。
> 　①　ある
> 　②　ない

　直売所は泥クが独占利用しています（ちなみに違法です。問題3）。ということは、直売所は、実態上、管理者泥クが自分のために管理しているのです。ならば、委託料を減らせるどころか、委託料を払う理由はありません。
　自治体が委託料を払って委託するのは、広く住民が平等に利用するための管理を委託する場合です。泥クが独占使用するために泥クが管理することは泥クの利用行為の一環であって指定管理委託などで委託する「住民のための管理」にはあたりません。泥クは実質的には管理者ではないのです。正解は②となります。
　例えば、アパートで自分が借りている部屋を自分のために管理している者（賃借人）を「管理人さん」とは呼びませんよね。アパートが管理人だらけになってしまいます。
　この直売所の現状は、アパートの賃借人が家賃をタダにしてもらったうえに管理費用まで大家さんからもらって、自分しか使わない自分の部屋を自分のために管理し、「管理人さん、いつもお疲れ様！」と感謝されているのと同じです。そんなアパートがあれば、私も住宅ローンを組まなかったでしょう。T町が泥クに払っている委託料のうち公の施設の管理の委託料だといえるのは、来館者用の休憩室やトイレの維持管理の費用だけです。

> 問題6：この直売所は公の施設として設置すべきだったのでしょうか。
> 　①　公の施設でよい
> 　②　公の施設ではない

　公の施設は住民のだれもが利用できる施設です（自治法 244 条 2 項）。直売所は泥ク専用の物販施設なのですから、公の施設として設置するべきではなかったのです。正解は②となります。

　この直売所は普通財産として建設し、泥クに貸与する。そして、委託料を支出するのではなく、逆に賃貸料を泥クからもらうのが正しい方法です。

　公の施設における「管利」がまん延しています。住民のための「管理」に戻さなければなりません。まずは、公の施設にかかわる者がそれぞれの「法的な立場」を理解することが大切ですね。

第13章 債権管理のしくみ

はじめに

「債権」とは、人に対する権利です（物に対する権利は「物権」といいます。所有権などです）。主に、金銭をもらう権利（金銭債権）を意味します。自治体においても、債権といえば、ほぼ金銭債権を指します（自治法240条1項）。本書でも、金銭債権を単に「債権」とします。

自治体の債権管理は、いわゆる滞納整理の問題に集約されます。適切で効果的な債権管理を行うためには、①滞納処分の可否②延滞金徴収の可否③消滅時効の期間と要件についての正確な理解が欠かせません。

Ⅰ　まずは、制度を理解しよう！

1 債権管理の基準

A「滞納処分の可否」（自治法231条の3第3項）

B「延滞金徴収の可否」（同条2項）

C「自動消滅の可否」（同法236条1項及び2項）

三基準に相互の関連性はない。

絶対的な意味での「私法上の債権」・「公法上の債権」
という定義（債権）は存在しない。

図13－1　債権管理三基準

地方自治法（一部略）
　（督促、滞納処分等）
第２３１条の３　分担金、使用料、加入金、手数料、過料その他の普通地方
　公共団体の歳入を納期限までに納付しない者があるときは、普通地方公共
　団体の長は、期限を指定してこれを督促しなければならない。
２　普通地方公共団体の長は、前項の歳入について同項の規定による督促を
　した場合には、条例で定めるところにより、手数料及び延滞金を徴収する
　ことができる。
３　普通地方公共団体の長は、分担金、加入金、過料又は法律で定める使用
　料その他の普通地方公共団体の歳入（以下この項及び次条第１項において
　「分担金等」という。）につき第１項の規定による督促を受けた者が同項の
　規定により指定された期限までにその納付すべき金額を納付しないとき
　は、当該分担金等並びに当該分担金等に係る前項の手数料及び延滞金につ
　いて、地方税の滞納処分の例により処分することができる。
　（金銭債権の消滅時効）
第２３６条　金銭の給付を目的とする普通地方公共団体の権利は、時効に関
　し他の法律に定めがあるものを除くほか、これを行使することができる時
　から５年間行使しないときは、時効によつて消滅する。
２　金銭の給付を目的とする普通地方公共団体の権利の時効による消滅につ
　いては、法律に特別の定めがある場合を除くほか、時効の援用を要せず、
　また、その利益を放棄することができないものとする。

　自治体の債権は以下Ａ〜Ｃの三つの基準で分類・管理される（本書におい
て「債権管理三基準」という）。

　　　Ａ　滞納処分ができるかどうか（自治法 231 条の３第３項）
　　　　……滞納処分基準
　　　Ｂ　延滞金が徴収できるかどうか（同条２項）
　　　　……延滞金徴収基準
　　　Ｃ　５年で自動消滅するかどうか（同法 236 条１項及び２項）
　　　　……自動消滅基準

　滞納処分、延滞金徴収、時効による消滅は、いずれも、法律で規定すべき自

治体における債権管理の基本的なしくみであり、自治法にそれぞれ固有の根拠がある。債権管理三基準（Ａ・Ｂ・Ｃ）における「できる債権」、「できない債権」の範囲はそれぞれ別の法的根拠で決められているのである。

　よって、自治体債権は、以下のとおり分類される。

> Ａ　滞納処分が「できる債権」と「できない債権」
> Ｂ　延滞金徴収が「できる債権」と「できない債権」
> Ｃ　自動消滅が「できる債権」と「できない債権」

---

❷ 債権管理三基準における各債権の具体的分類

　①税②保育料③公営住宅家賃④水道料金⑤公立病院診療費⑥貸付金

　これらは、いずれも滞納が発生することが比較的多い債権である。適法に滞納整理を行うためには、これらの債権について、債権管理三基準それぞれにおける「できる債権か、あるいは、できない債権か」の判断が必要である。

①税	②保育料	③公営住宅家賃
④水道料金	⑤公立病院診療費	⑥貸付金

	〇（その意味における公法上の債権）	×（その意味における私法上の債権）
滞納処分	①②	③④⑤⑥
延滞金徴収	①②③④⑤	⑥
5年自動消滅	①②③	④⑤⑥

図13－2　債権管理三基準の具体的な適用

Ⅱ　実務の改善のために

■1「公法上の債権」と「私法上の債権」

　ある自治体の債権について、「この債権は公法上の債権か？あるいは私法上の債権か？」と議論されることがある。しかし、「公法上の債権」、「私法上の債権」という債権区分は、自治体事務の基本法である自治法には規定されていない。債権管理における一定の視点（債権管理三基準のいずれか）からその債権の性質を述べる際に使われる、言わば「業界用語」である。「公法上の債権」や「私法上の債権」には明確な一義的な意味はない。

　よって、債権管理三基準のうちのA、B、Cのどの基準を前提としているのかが明確にならない限り、議論の対象となっている債権が「公法上の債権」であるか「私法上の債権」であるかについて結論を出すことは不可能である。

　ここでは、以下を確認しておく。

> ア　「公法上の債権」や「私法上の債権」という分類（観念的公私分類）
> 　　そのものは、自治法における債権管理法制上は存在しないこと
> イ　「○○の債権は公法上の債権だから」あるいは「××の債権は私法
> 　　上の債権だから」という導入（観念的導入）で開始される議論、論説
> 　　については、「その公法上（私法上）とは、債権管理三基準のうちの
> 　　何を指しているのか？」が明確にならない限り、何らの意味を持たず、
> 　　その内容はすべて不正確（誤り）であること

　なお、各債権を所管している省庁が示す行政実例においては、「○○は公法上の債権なので」という書き出しで、一見、観念的導入を用いていると思われる例がある。しかし、その場合も、対象となっている事実などから明らかであるため、債権管理三基準の提示を省略しているだけである。観念的な公法私法分類に基づいて記述されているわけではない。

■2「債権管理の三基準」の理解

　「債権管理の三基準」を理解していない、つまり、債権管理における基本的な事項について誤解を持ったまま実務にあたっている職員も少なくない。誤解には、主に以下の二通りのパターンがある。

①頭の中で、債権管理三基準が一つになっている、又は、そもそも基準が三つ

あることが分かっていない職員

　「公法上の債権」・「私法上の債権」という性質の債権が実際にあり、自治体の債権は、「公法上の債権」と「私法上の債権」の二つに区分して管理するものであると誤解している。

②「自動消滅しない債権（C）は、延滞金が徴収できない（B）」と考えている職員

　「公営住宅家賃や水道料金のように民間企業も得ることができる債権は、自動消滅しない」という趣旨の裁判例などの影響である。しかし、これらの裁判例などは延滞金のことには一切触れていない。そもそも、B延滞金徴収の基準とC自動消滅の基準とは根拠が別であり、相互に関連することはない。

❸ 債権管理に関する条例の企業への適用

　一部の企業管理者には、財産管理や債権管理の権限が与えられ、長以外の執行機関よりも多くの権限を持っている（地方公営企業法9条）。

　しかし、自治体の企業や企業管理者は、自治体から法的に独立しているわけではない。「水道局」は法人、つまり、債権や債務の主体ではなく、自治体組織の一部であって、民間団体における「○○プロジェクト」、「××事業部」のような存在である。「水道局の債権」などというものは法的には存在せず、あくまで、「水道局が所管している自治体の債権」である。

　よって、自治体の延滞金条例は、水道料金や診療費を定めた条例に特別の規定がない限り、当然に水道料金や診療費にも適用される。

❹ 債権の発生方式と債権の性質

　行政処分であっても、公営住宅などの公の施設の使用（許可）は、税の賦課のような不利益処分とは違い、契約と同様に使用関係（権利）を設定する行為である。使用の対象が公の施設であるため、不正利用などにおける法律関係の解消を容易にするなど、利用関係における法的安定性を図る必要がある。そこで、契約ではなく行政処分によって使用関係を発生させているにすぎない。

　許可か契約かという違いだけによって、公の施設の使用関係から発生する債権の性質が変わることはない。供給者である自治体も、使用者である住民も、供給する施設やサービスや物も同じであるのに、発生の方式が行政処分か契約かによって債権の性質が異なると判断することには理由がない。

おわりに〜復習とさらなる理解のために〜

▉ 債権管理三基準をしっかりと理解しましょう
〔債権管理は法律から〕

> A　滞納処分ができるかどうか（自治法 231 条の 3 第 3 項）
> 　　……滞納処分基準
> B　延滞金が徴収できるかどうか（同条 2 項）
> 　　……延滞金徴収基準
> C　5 年で自動消滅するかどうか（同法 236 条 1 項及び 2 項）
> 　　……自動消滅基準

この「債権管理三基準」と法律の契約や債権に関する規定によって、債権管理が始まります。債権管理について、自治法や民法の規定以前に、何らかのルールや考え方が存在するわけではありません。すべては法の規定から始まる、

図 13 − 3　債権管理における法治主義的思考と観念的思考

つまり、「法治主義」は自治体行政のあらゆる分野に共通する基本ルールです。「法律（みんなが決めたルール）でキックオフ」なのです。

　にもかかわらず、「私法上の債権」とか「公法上の債権」が、法律の規定以前に「アプリオリ」に存在する、あるいは、存在するべきであると考えている職員や債権徴収の専門家がたくさんいます。「自治法で延滞金が徴収できると規定されているが、そもそも私法上の債権なので、自治法は適用すべきでない。延滞金は徴収できない」という思考方法です。債権管理三基準の根拠である自治法の規定よりも「私法上の債権」と「公法上の債権」という法的根拠のない観念を優先させて債権管理を行ってしまうのです。

　そうではなく、「延滞金が徴収できるかどうかは法律（自治法）が決定する。その対象とならなかった債権を私法上の債権と呼ぶことがある」というのが正しい考え方です。

❷ 解説書の記述や専門家の助言の活かし方

　自治体債権に関する専門書を書いたり、債権回収の研修の講師をしたりしているベテラン職員や弁護士などの中には、自治体の債権管理制度を正確には理解していない人も少なくはありません。

　債権管理の分野は、専門性が高く、また、外的なプレッシャーも大きいので、法制担当や監査担当は、債権管理部門が誤った処理をしていても、指摘や助言についてはやや腰が引けているような気がします。

　債権に関する知識だけで適切な債権管理はできません。自治体法務全般についての理解が必要です。自治体における債権管理は、自治体における行政執行の一部であり、民間企業のように、経営手段にとどまるものではないのです。

　ですから、弁護士や債権回収の専門家が持っている一般的なノウハウを自治体の債権管理にそのまま活かすには一定の法的制約があります。その制約は、自治体行政にとって決して障害などではなく、守るべき重要な価値を含んでいるのです。

　自治法をはじめとした自治体法制におけるこのような「理由」や「価値」を、壇上や紙上で、みなさんに語っている専門家の人たちが理解しているかどうか、つまり、彼らが債権「徴収」だけではなく、債権「管理」の専門家であるかどうかを見抜く必要があります。

　そのためには、まず、自らが体系的な法務能力を身につけなければなりません。

❸ 債権管理の意味

　債権管理のしごとは、単に自治体の収入を確保するためのものではありません。許可や補助金の交付の事務と同じように、法令に従って、住民の権利義務を平等に実現することを目的としています。

　よって、「民法でいう日常家事債務にあたるので、債務者だけではなく、配偶者にも請求しよう」、「消滅時効にかかりそうなので、とりあえず分割納付の誓約を取っておこう」、「債権放棄条例の要件にあてはまっているが、徴収できそうなので徴収しよう」などという職員個人レベルの考えや創意工夫を活かすべき場面は、存在しません。

　積極的な（のように見える）やり方であっても、組織の方針にない方法で債権を実現させ、個人的な成績（徴収率）を上げた職員がいたとしたら、その職員は、決して「徴収部門のカリスマ職員」などではなく、「債権管理とは何か」、さらには、「自治体の役割とは何か」を理解していない職員です。その職員の「徴収」は、自治体のためにも住民のためにもなりません。

　それぞれの債権をその時点において、徴収するかどうか、また、どのように徴収するかは、法令と自治体（組織）の方針によって決定されるべきものです。

　債権の帰属においては、自治体は確かに権利義務の主体です。民事訴訟の当事者にもなり得ます。しかし、民間団体が自らの発意と資本によって、自らの利益のために債権の実現を図っているのとは違って、自治体は、法律や条例から与えられた事務を執行する中で、発生した債権を取り扱っています。「債権」の意味は、民間団体と自治体とでは根本的かつ次元的に異なるのです。

　自治体においては、法令の根拠に基づく限り、「徴収すること」、「減免すること」、「消滅させること」、この三つには全く同じ価値があります。このことは、しっかりと心にとめておいてください。

　民間における彼らの経営手段ないしは存立目的である「債権回収」と自治体事務の一つである「債権管理」との違いを理解することが大切です。

第14章 債権の消滅時効のしくみ

はじめに
///////////////

　債権は、存続する期間が限られています。いわゆる「時効」の制度です。

　自治体が持っている債権は、5年経過すれば自動的に消滅するものと、債務者による「時効の援用」がないと消滅しないものとがあります。

　「自動消滅」、「援用で消滅」の二つの時効制度にそれぞれ、どの債権があてはまるかについては、自治法だけではなく、個別の法律や裁判所の判断を通して民法の規定もかかわっており、とても複雑です。誤った理解が多く見られます。

Ｉ　まずは、制度を理解しよう！
///////////////////////////////

■ 債権管理のあらまし

（1）自治体における債権管理

　債権とは人に対する権利を指す。例えば、法務研修においては、講師あるいは主催団体に対して、自治体あるいは参加する職員が研修を受けることができる債権を持っていることになる。

　しかし、債権のうち、そのほとんどは金銭を得る権利（金銭債権）である。

　そこで、自治体においては、原則として、金銭債権のみを「債権」と呼ぶ（自治法240条）。「債権管理」も、金銭債権の管理を指す。

　また、債権も財産ではあるが、自治体においては実務上、「財産管理」における「財産」とは公有財産（不動産など）のことを指し、「財産管理」は「債権管理」とは別のしごととして認識されている（自治法237条）。よって、本書もそれに従う。

（2）消滅時効の意義

　債権の実現（債権の金銭化）においては、「消滅時効」という制度が設けられている。消滅時効とは、一定の期間（消滅時効期間）の経過によって、債務の履行（金銭の支払い）がなくても、債権が消滅する制度である。

　つまり、債権には、存続期間が設けられていることになる（自治法236条、民法166条など）。

　消滅時効制度の趣旨は、債権を持ったまま、長い期間、債権を実現するための最終的な行為（訴訟など）を行わない者は、もはや債権者として社会が保護する正当性は少ないという考え方に基づく。長期間、請求を受けていない場合には、債務が免除されたと期待する債務者の立場も考慮されている（法的安定性の確保）。

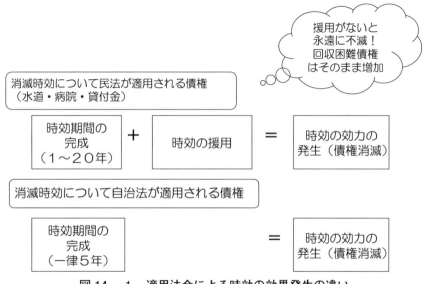

図 14 － 1　適用法令による時効の効果発生の違い

（3）時効の援用

　民法に規定されている社会一般における原則的な消滅時効の制度（債権は自治体に固有の権利ではない）には、「時効の援用」というしくみが組み込まれている（民法 145 条）。

　時効の援用とは、「時効の期間が完成（経過）したので、もう、債務は履行しない」という債務者の法的な主張のことを指す。この時効の援用がないと、消滅時効の期間（5 年。旧民法では、債権の種類によって、2、3、5、10 年に分かれる）が経過しても、債権は消滅しない。

　消滅時効の期間の完成だけではなく、時効の援用があってはじめてその債権が消滅するということは、時効完成についての法的な効果の発生が、債務者の

意思に任せられていることを意味する。

　「時効になったけれど、代金に見合う物やサービスの提供は受けているのだ
から、その代金は支払う（債務は履行する）」という債務者の意思は尊重され
るべきだからである。時効の援用がないと債権は消滅しないのである。

（4）自治体債権の「自動消滅」

　しかし、自治体の場合は、多数の債務者のさまざまな債権を管理している。

　よって、時効が完成したそれぞれ債権について、それぞれの債務者に対して、
時効を援用するかどうかの意思の確認（つまりは、債務を履行するかどうかの
確認）をすることは難しい。

　そこで、債権の消滅を客観的な基準で把握して、効率的な債権管理を行うこ
とができるようにするために、自治体債権については、原則として、時効の援
用がなくても、消滅時効の期間（5年間）が完成するだけで自動的に消滅する
こととされている（自治法236条）。

　また、自治法以外の地方税法などの個別の法律が適用される債権も、それぞ
れの期間が経過すれば、自治法236条が適用される債権と同様に自動消滅する。

（5）自治体債権における時効援用の要否の混在

　ただし、すべての自治体債権が自動消滅するのではない。民法が適用され、
時効の援用が必要な自治体の債権も存在する。

　よって、自治体の債権は、消滅時効の効果に関して次の二つに分けられてい
ることになる。

---

①　原則……消滅時効の期間の完成だけで自動的に消滅する債権
②　例外……消滅時効期間の完成だけでは消滅しない。債務者の援用が
　　　　　あって、はじめて消滅する債権

---

　①は民間の債権にはない消滅時効のしくみであり、②は民間における債権と
同様のしくみである。

② 自治体債権に適用される時効制度

　それぞれの債権について、どの法令が適用され、自治体債権のうち、どの債
権がその消滅において時効の援用が必要であり、また、どの債権が自動消滅す

るのかについては、難解なしくみが採られている。理解の起点は、自治法236
条である。

地方自治法（一部略）

（金銭債権の消滅時効）

第２３６条　金銭の給付を目的とする普通地方公共団体の権利は、時効に関
し他の法律に定めがあるものを除くほか、これを行使することができる時
から５年間行使しないときは、時効によつて消滅する。

２　　金銭の給付を目的とする普通地方公共団体の権利の時効による消滅につ
いては、法律に特別の定めがある場合を除くほか、時効の援用を要せず、
また、その利益を放棄することができないものとする。

自治法236条１項も、また、同条２項も、いずれも、「金銭の給付を目的と
する普通地方公共団体の権利」、つまり、「（すべての）自治体の債権」が対象
となっている。

そのうえで、同条１項では、時効の期間について「５年間」と、また、同条
２項では、「消滅において時効の援用が要らない（自動消滅）」と規定されている。

しかし、自治体の債権すべてに、この自治法236条が適用されるわけではな
い。なぜなら、同条１項では「他の法律に定めがあるものを除くほか」、同条
２項では「法律に特別の定めがある場合を除くほか」と、それぞれ例外の存在
が予定されているからである。

これは、自治体の債権の消滅時効が、次のようなしくみであることを意味し
ている。

・　原則＝自治法236条が適用される。

・　例外＝ほかの法律が適用される。

よって、同条１項の「法律」と同条２項の「法律」がどの債権についてのど
の法律を指すのかを明らかにすれば、自治体の債権の消滅時効の制度全体を把
握できることになる。

その「法律」には、地方税法などの個別の行政上の法律と民法（改正前の旧
民法を含む）があてはまるので、消滅時効の観点からは、自治体の債権は次の
四つに大別できることになる。

> ①　自治法 236 条が適用される債権
> ②　地方税法などの個別の法律が適用される債権
> ③－1　現行の民法 166 条及び 145 条が適用される債権
> ③－2　旧民法 173 条など及び 145 条が適用される債権

適用法令	時効の援用の要否	消滅時効の期間
①自治法 236 条	不要	5 年
②地方税法など	不要	5 年など
③－1 民法 166 条	要（145 条）	5 年
③－2 旧民法 173 条など	要（145 条）	10 年など

図 14 － 2　　消滅時効の制度と根拠法（1）

3 自治体における各債権の消滅時効

　消滅時効について、自治法 236 条が適用される債権、個別法が適用される債権、民法が適用される債権、旧民法が適用される債権は、それぞれ次のようになる。

（1）自治法 236 条が適用される債権

　消滅時効について、自治法 236 条が適用され、時効の援用がなくても消滅時効の期間が完成しただけで、消滅する債権には、公営住宅の家賃、駐車場の使用料、各種の手数料などがある。

　消滅時効の期間は 5 年である（同条 1 項）。

（2）個別法が適用される債権

　自治法 236 条が適用されない債権としては、まず、地方税、国民健康保険料、介護保険料などが挙げられる。

　自治法 236 条 1 項の「他の法律」や同条 2 項の「法律に特別の定め」の「法律」には地方税法、国民健康保険法、介護保険法などがあてはまる。

　自治法は、自治体行政における債権管理の通則的な規定を設けている。一方

で地方税法は地方税などに特化した内容を持つ。つまり、同じ射程（自治体の事務）の中で、地方税法は自治法よりも狭い分野の法律であり、地方税法は自治法の例外的な規定となる。

　この自治体債権の消滅時効における自治法と地方税法のような「原則—例外」の関係は「一般法と特別法」と呼ばれる。自治体債権の消滅時効については、自治法が一般法であり、地方税法が特別法の一つであるということになる。

　そもそも、自治法 236 条の「他の法律」や「法律に特別の定め」は、自治体債権に地方税法などの法律が適用されることについて、意味を持たないとも考えられる。一般法と特別法の関係においては、自治法 236 条 1 項のように、「他の法律に定めがあるものを除くほか」という例外規定（特別法の存在の予告）がある場合は稀であり、どちらが一般法でどちらが特別法であるかについては、例外規定がなくても、二つの法律の規定の対象範囲によって判断する。

　国民健康保険料の場合でいえば、国民健康保険法 110 条 1 項は、自治法 236 条 1 項の「他の法律」にあたるが、仮に、自治法 236 条 1 項に「他の法律」の例外規定がなかったとしても、同項ではなく国民健康保険法 110 条 1 項が適用される。

　それは、同法が保険料債権の消滅時効について、保険料債権を含む自治法 236 条 1 項の「金銭の給付を目的とする普通地方公共団体の権利」よりも個別的に保険料債権を対象としているからである。

　消滅時効の期間については、それぞれの法律の規定に従う。税（地方税法で 5 年）、保険料（国民健康保険法で 2 年）などである。

　また、すべて、自治法 236 条が適用される債権と同じように、その消滅について時効の援用は不要である。個別の法律で時効の援用が不要であるという規定がない場合は、自治法 236 条 2 項が適用される。「法律に特別の定め」がないと解釈される。

（3）民法が適用される債権

① 　自治体債権の根拠としての民法

　自治法 236 条 1 項及び 2 項の「他の法律」には、地方税法や国民健康保険法などの個別の行政法規だけではなく、民法における消滅時効の期間や時効の援用についての規定も含まれる。自治体の債権の消滅時効については、自治法の特別法として民法も存在するのである。

　民法における消滅時効の制度が適用になる自治体の債権としては、水道料

金、診療費、給食費、貸付金などが挙げられる。

② 民法における消滅時効のあらまし

　社会一般における消滅時効の制度である。主に契約によって発生する。民法は、契約の基本的なルールであるが、基本的には、当事者が契約で定めていない事項について契約を補完する役割を担っている。

　よって、民法に規定があっても、契約（権利義務の当事者の約束）でその規定と異なる内容を決めれば、民法の出番はない。

　しかし、民法の中でも契約に優先して、つまりは、自治体がしごとの根拠としている〇〇法のように行政法的に、当事者の意思にかかわりなく、強行的に適用されるものもある。その一つが消滅時効の規定である。契約で時効の期間や援用の要否を変えることはできない。

③ 民法における消滅時効（令和２年度以降）

　消滅時効が完成する期間は、債務を履行する約束の日から、原則として５年間である。民法166条１項２号に「できるときから10年間」という規定があるが、これは「自分にその債権があると知らなくても、10年たったら消滅時効が完成する」という意味である。

　ほとんどの場合、債権の当事者は互いに債権と債務があることを知っている、というよりも明確な自分の意思で債権を発生させ、その権利を行使できる履行期日も自分の意思で設定しているので、当然、「知った時から５年」が適用され、この「できるときから10年」は、まず、適用される場面はない。

　民法166条は、要するに債権は履行期日の翌日から起算して、５年間で消滅するという規定である。なお、裁判によって債権（債務）が確定したものについては、10年間が消滅時効期間となる（民法169条）。

　期間が完成（時効期間の経過）するだけでは、債権は消滅しない。債務者による「時効の援用」が必要となる。

・時効の期間は５年間（民法166条）

・時効の援用がなければ消滅しない（民法145条）。

民法（一部略。改正後。令和２年４月１日から）

　（債権等の消滅時効）

第１６６条　債権は、次に掲げる場合には、時効によって消滅する。

　一　債権者が権利を行使することができることを知った時から5年間行使
　　しないとき。
　（判決で確定した権利の消滅時効）
第169条　確定判決又は確定判決と同一の効力を有するものによって確定
　　した権利については、10年より短い時効期間の定めがあるものであって
　　も、その時効期間は、10年とする。
　（時効の援用）
第145条　時効は、当事者（消滅時効にあっては、保証人、物上保証人、
　　第三取得者その他権利の消滅について正当な利益を有する者を含む。）が
　　援用しなければ、裁判所がこれによって裁判をすることができない。

　④　民法における消滅時効（令和元年度まで）
　　旧民法が適用される令和2年3月31日までに発生した債権については、
　債権の種類によって、それぞれ消滅時効の期間が異なる。
　　改正後の民法が適用になるのか、あるいは、旧民法が適用になるのかにつ
　いては、契約などの債権の発生原因が生じた日で判断される。
　　例えば、令和元年4月に締結した水道の供給契約における毎月の水道料金
　は、令和元年5月分以降も、契約が変更されない限り、旧民法が適用になり、
　消滅時効期間は2年間である（旧民法173条）。
　　債権が消滅するためには、債務者による「時効の援用」が必要であること
　は、民法改正の前後で変わりはない。
　・時効の期間については民法各条が根拠。
　・時効の援用がなければ消滅しない（民法145条）。

民法（一部略。改正前。令和2年3月31日まで）
　（債権の消滅時効）
第166条　債権は、10年間行使しないときは、消滅する。
　（定期給付債権の短期消滅時効）
第169条　年又はこれより短い時期によって定めた金銭その他の物の給付
　　を目的とする債権は、5年間行使しないときは、消滅する。
　（3年の短期消滅時効）
第170条　次に掲げる債権は、3年間行使しないときは消滅する。

> 一　医師、助産師又は薬剤師の診療、助産又は調剤に関する債権
> （2年の短期消滅時効）
> 第173条　次に掲げる債権は、2年間行使しないときは、消滅する。
> 一　生産者、卸売商人又は小売商人が売却した産物又は商品の代価に係る
> 　債権

　診療費や水道料金などは、消滅時効について、自治法ではなく旧民法の各条文が適用される。ただし、旧民法に「第○○条　水道料金債権は2年で消滅する」というように、自治体債権の具体的な項目が列挙されているわけではない。旧民法173条の「産物又は商品の代価」に水道料金が該当する。その意味で、地方税などの法律の根拠とは根拠のあり方が異なる。

❹ 消滅時効の適用関係の具体例（まとめ）

　消滅時効について、自治法236条が適用される債権、個別法が適用される債権、そして、民法が適用される債権は、それぞれ次のように分けられる。

	消滅時効の期間		時効の援用	
	時効期間	根拠規定	援用の要否	根拠法
税	5年	地方税法	不要	地方税法
保育料	5年	児童福祉法	不要	児童福祉法
公営住宅家賃	5年	自治法236条	不要	自治法236条
水道料金	5年（2年）	民法166条 （旧173条）	要	民法145条
診療費	5年（3年）	民法166条 （旧170条）	要	民法145条
給食費	5年（10年）	民法166条 （旧166条）	要	民法145条
貸付金	5年（10年）	民法166条 （旧166条）	要	民法145条

＊（　）は、令和2年3月31日までに締結された契約や同日までに行われた行政処分によって発生した債権の場合。

図14-3　自治体債権の消滅時効

❺ 消滅時効の更新（中断）

　債権管理のはじめとして、自治体の歳入を納期限までに納付しない者があるとき、つまり、滞納が発生したときは、普通地方公共団体の長は、期限を指定してこれを督促しなければならない（自治法231条の3第1項及び同法施行令171条）。

　この督促は、消滅時効の期間を更新する効果がある（自治法236条4項）。督促が相手方に到達した日の翌日から、再び消滅時効の期間が始まることになる。督促の根拠は自治法であるが、民法適用債権を含め、自治体のすべての債権が、督促による消滅時効更新の対象である。

　「消滅時効に関して民法が適用になる債権についての督促の根拠は、自治法施行令171条である」という誤解が多くみられる。消滅時効の根拠と督促の根拠は別である。

	消滅時効の根拠		督促の根拠	
	自治法236条	民法166条・145条	自治法231条の3第1項	自治法施行令171条
保育料	○		○	
公営住宅家賃	○		○	
水道料金		○	○	
診療費		○	○	
給食費		○		○
貸付金		○		○

＊税や健康保険料は個別法の規定による。

図14−4　督促の根拠

Ⅱ　実務の改善のために

1　民法適用債権の範囲

　裁判例によって、水道料金が民法適用債権とされた理由は、「民間でも同様の法律関係（賃貸借関係）によって発生する債権が存在するから、それらの債権と同様に扱うべきである」（以下「判決理由」）というものである。水道料金は公の施設の使用料であり、また、公の施設はその物理的な機能に着目すれば、同様の施設が民間にも存在する。駐車場がその典型である。

　そこで、一部の公の施設の使用料についても判決理由をあてはめて、民法適用債権として管理している自治体がある。しかし、判決は、その理由については、ほかの事案に対する効力はない。

　よって、判例の対象となっていない債権や所管の省庁からの通知において民法を適用するとされていない債権について、自治法236条ではなく民法を適用することは、違法な債権管理につながる。駐車場の使用料の消滅時効は、自治法236条による5年であり、時効の援用は不要である。

2 民法適用債権の消滅時効における課題

消滅時効に関して民法が適用される水道料金などについては、消滅時効の期間の経過だけではなく、債務者の時効の援用があって、はじめて時効の効力が発生し、債権が消滅する（民法 145 条）。

この時効の援用がなければ、消滅時効の期間が経過した場合においても、債権は永遠に消滅しない。

3 民法適用債権の放棄

しかし、民法適用債権について、債務者における時効の援用がない場合でも、次のいずれかがあれば債権は消滅する（自治法 96 条 1 項 10 号）。

---

① 　債権を放棄することを認める議会の議決
② 　特定の債権について特定の条件が満たされた場合には債権を放棄できることを規定した条例（債権放棄条例）の制定

よって、債権を消滅させるために必要な処理は、以下のとおりである。

ア　債務者（住民）による時効の援用、債権放棄の議決、債権放棄条例の制定・適用、延納の処分又は特約のいずれか。加えて、債権放棄条例や延納を適用する場合は、債務者への債権放棄の通知
イ　長や企業管理者による不納欠損処理と決算書の作成
ウ　議会による決算の認定

---

4 不納欠損処理の効果

不納欠損処理とは、消滅した債権に対する会計上の処理にすぎない。

よって、不納欠損処理には債権を消滅させる法的な効果はない。正当な手続きによって消滅した債権について、不納欠損処理をしたことを決算書の中に記載し、議会の承認を得るための内部的な行為である（自治法 96 条 1 項 3 号）。

債権が消滅していない限り、水道料金などの不納欠損額が記載された決算は、その部分については誤りであり、決算書に記載された水道料金などの不納欠損額についての歳入にかかる債権は、法的には消滅していないことになる。

債権が消滅するための法的な効果はアの段階で発生する。アがなければイと

ウの手続きを経ていても債権は消滅しない。イは債権が消滅したことについての会計処理であり、ウはイの会計処理について、住民の代表である議会が確認するものである。

　アの債権消滅のための法的手続がないままイとウの手続きが行われている自治体もみられる。

	消滅の効果		根拠法令
	あり	なし	
債権放棄の議決	○		自治法 96 条 1 項 10 号
債権放棄条例＋債務者への通知	○		〃
延納処分・特約＋免除＋債務者への通知	○		自治法施行令 171 条の 6 及び 171 条の 7
徴収停止		○	自治法施行令 171 条の 5
不納欠損処理		○	

図 14 － 5　債権消滅の効果

おわりに〜復習とさらなる理解のために〜

　民法は、社会一般の契約関係をはじめとした法律関係を定めています。よって、本来は、自治法が民法の特別法（例外的な規定）であるはずです。

　ということは、自治法 236 条 1 項の一般的な解釈からは、同項の「他の法律」に民法が含まれるとする結論は導き出せないはずですし、また、民法の規定が自治法の規定の特別法としての役割を果たすというのは、話が逆のように思えます。同条 2 項の「法律に特別の定め」も同様です。

　にもかかわらず、自治法 236 条 1 項の「時効に関し他の法律に定めがある」債権に、民法が含まれるという理解で実務が行われているのは、次の裁判例が契機となっています。

　自治体が水道料金の支払いを求めた事件です。水道料金の消滅時効について争われました（東京高裁平成 13 年 5 月 22 日判決）。

東京高裁平成 13 年 5 月 22 日判決
● 原告自治体の主張
　自治法が適用されるので時効は 5 年である。債権は消滅していない。
● 被告 A 社の主張
　旧民法 173 条 1 項（及び同法 145 条）が適用されるので時効の期間は 2 年である。すでに、2 年間は経過しており債務は消滅している（当然、援用する）。
● 判決（要旨）
　「地方自治体が有する金銭債権であっても、私法上の金銭債権に当たるものについては、民法の消滅時効に関する規定が適用されるものと解されるところ（地方自治法 236 条 1 項は、『金銭の給付を目的とする普通地方公共団体の権利は、時効に関して他の法律に定めのあるものを除くほか、5 年間これを行わないときは、時効により消滅する。』と定めているが、同項にいう『他の法律』には民法も含まれるものと解される。そして、このように解したとしても、上記規定は、公法上の金銭債権について消滅時効期間を定めた規定として意味を有するのであって、無意味な規定となるものではない。）、水道供給事業者としての控訴人（地方自治体）の地位は、一般私企業のそれと特に異なるものではないから、控訴人（筆者追記：自治体）と被控訴人（筆者追記：住民）との間の水道供給契約は私法上の契約であり、したがって、被控訴人が有する水道料金債権は私法上の金銭債権であると解される。また、水道供給契約によって供給される水は、民法 173 条 1 号所定の『生産者、卸売商人及び小売商人が売却したる産物及び商品』に含まれるものというべきであるから、結局、本件水道料金債権についての消滅時効期間は、民法 173 条所定の 2 年間と解すべきこととなる。」

　水道料金については、自治法 236 条ではなく旧民法 173 条が適用されるというのが、この裁判例の結論です。
　しかし、債権の消滅時効に関しては、民法が社会における債権の原則を定めている法律です。自治法は一般法である民法に対し、自治体債権についての例外を定めた特別法です。その特別法がまた一般法である民法に、いわばリター

ンエース（他の法律＝民法）するというのは違和感があります。

　裁判例によれば、民法 166 条及び 145 条の例外が自治法 236 条でその例外が、民法 166 条及び 145 条なのです。言い換えれば、民法 166 条及び 145 条の例外の例外が、民法 166 条及び 145 条だということになります。反対の反対なら（あるいは逆の逆なら）、元（正）に戻るはずですが、例外の例外が原則に戻ることはないはずです。

　さらには、自治法が定められた時点で、すでに、社会一般の債権については民法の規定があったはずです。そこに、自治法 236 条が制定されたと考え、さらに、判決の趣旨をあてはめると、同条 1 項の解釈は、「すでに民法が適用されている債権（＝他の法律に定めがあるもの）については、今まで（当時）どおり、民法を適用しますよ」という意味になり、結局、自治法が制定された時点ですでに、同法 236 条が適用される自治体債権は存在しなかった、つまりは、自治法 236 条は制定された意味がないということになってしまいます。

　このように、水道料金事件判決の論旨には疑問が残りますが、その疑問は大切にしたうえで、実務においては、自治法 236 条 1 項の「他の法律」の「法律」や同条 2 項の「法律に特別の定め」の「法律」には民法が含まれるのだと理解してください。

　おそらく裁判官は、水道料金に「5 年自動消滅」を適用することが結果としておかしいとの判断を前提として、条文の文言である「他の法律に定めがあるものを除くほか」を手がかりに、（おかしいのを覚悟で？）、同法を解釈したと考えられます。当時の裁判所での議論を推測します。

　水道料金の消滅時効には自治法の 5 年ではなく、民法の 2 年を適用することについては、次のようなやり取りが裁判官の間で行われた？のかもしれません。

裁判官 A：「水道料金には民法を適用すべきだよね。」

全裁判官：「賛成！異議なし！！」

裁判官 A：「判決理由としては、自治法 236 条の『他の法律に民法が当てはまる』ということにすれば、つじつまが合うと思うけど。」

裁判官 B：「そんなのおかしいよ！自治法の例外が民法だなんて。何を考えているの？」

裁判官 A：「でも、そうしないと、『自治法 236 条は違法（おかしい）である』という判決理由になるよ。法律を改正させるつもり？」

裁判官 B：「そこまで、言うつもりはないけど……」

> 裁判官Ａ：「じゃあ、しかたがないじゃない！」

　裁判の判決は結論ありきであること、また、なるべく国会が創った法律を改正させるようなことはしないということではないかなと思います。もし、そうであれば、裁判官にとても共感します。

　なお、判例（昭和59年12月13日建物明渡等請求事件）の判決理由である、「公営住宅の使用関係は、基本的には民間住宅における家屋賃貸借契約と異ならない」を受けて、民法を適用している自治体も多いようです。

　しかし、この判決は、住宅の明け渡しについて争われたものであり、公営住宅家賃の消滅時効には関係ありません。

　公営住宅の家賃は公の施設の使用料であり、消滅時効については公営住宅法に規定がありません。よって、民法ではなく自治法236条が適用され、消滅時効期間は5年であり、その消滅に際して時効の援用は必要ありません。

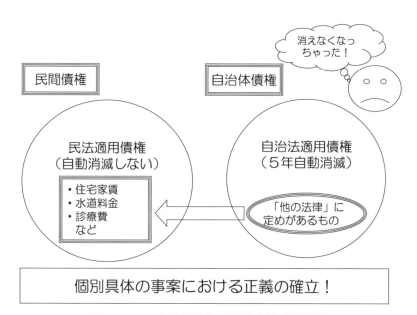

図14－6　自治体債権の消滅時効（判例後）

第 15 章 自治体と職員の賠償責任

はじめに
//////////////

　職員の賠償責任の制度や考え方は、①住民に損害を与えた場合、②自治体に損害を与えた場合に分けられています。

　共通するのは、どちらの場合も、損害発生の原因を作った担当職員は、基本的には賠償責任を負わないという点です。住民に対する賠償は自治体が行います。これは、公務の遂行における積極性の確保や公務の困難性・専門性・特殊性などによるものです。

　自治体や職員が賠償責任を負う場合の要件や賠償の範囲は、根拠である国家賠償法や民法の条文よりも、主に、過去の裁判例や賠償例から判断することになります。

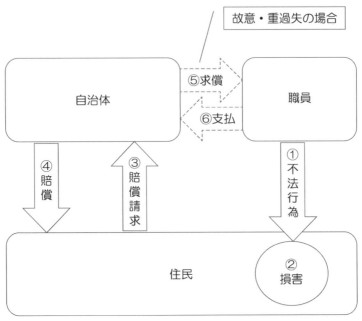

図 15 － 1　損害賠償制度（一般事務）

Ⅰ　まずは、制度を理解しよう！

1 住民に損害を与えた場合の賠償責任

（1）自治体の賠償責任の考え方〜「過失」と「瑕疵」の連続性〜

　自治体の事務において、住民に損害を与えた場合の賠償責任は、基本的には、職員ではなく自治体が負う。自治体の賠償責任については、事務の種類によって、三つの制度に分かれている。

---

①　行政処分、窓口業務など一般的な事務（以下「一般事務」。国家賠償法１条）における住民の損害
　　例：個人情報の漏洩、申請の不受理、許可の誤りなど。
②　民間団体の業務に近い事務（以下「民間的事務」。民法715条）における住民の損害
　　例：イベントの実施、業務における公用車の運行などにおける事故

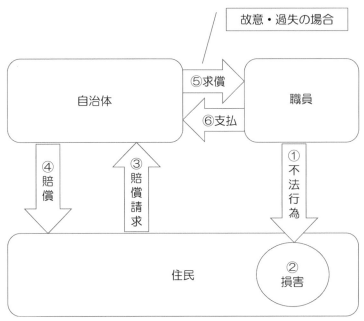

図15−2　損害賠償制度（民間的事務）

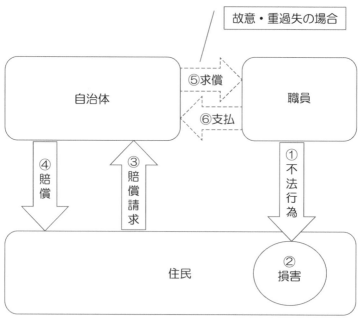

図 15 － 3　損害賠償制度（施設管理事務）

①との違いは完全に制度的なものではなく、具体的な判断が必要である。例えば、許認可事務に関して公用車を運転中に事故を発生させた場合は、①であるとも考えられる。個人情報の漏洩も②にあたる場合もあり得る。

> ③　公の施設の管理（以下「施設管理事務」。国家賠償法 2 条）における住民の損害

エレベーターの事故、プールの事故など。①・②よりも比較的事例が多い。
①及び②は職員における「過失」が要件である。また、職員の行為について自治体が代わって責任を負うものである（代位責任）とされている。③は、公の施設を管理している自治体が自らの行為として、賠償するものであり、施設の管理における「瑕疵」が要件とされている。①一般事務（国家賠償法 1 条）及び②民間的事務（民法 715 条）と③施設管理事務（国家賠償法 2 条）とでは、根拠となる法令や学説上、賠償責任の由来や要件が異なっている。

しかし、実際には、以下のようになる。

> ア　住民に損害を発生させるのは、どちらも、職員の不適当な行為が原
> 　因である。物理的に法人である自治体自身の行為が存在するわけでは
> 　ない。
> イ　「過失」、「瑕疵」のどちらも一定以上の「落ち度（ミス）」を意味し
> 　ており、ミスの程度の違い（瑕疵のほうがより小さなミスも含まれる）
> 　にすぎない。

　よって、自治体事務における住民の損害に対する賠償責任は、①、②及び③
のいずれであるかにかかわらず、職員のミスによって発生した住民の損害につ
いて自治体が賠償責任を負うものであると理解してかまわない。

（2）賠償責任の根拠としての国家賠償法の意味

　自治体の損害賠償責任の根拠である国家賠償法や民法は、税の賦課や許可な
どを行う際の根拠法（例：地方税法、公の施設の設置管理条例）のように、自
治体の一方的な判断である行政処分の前提となっているものではない。あくま
で、当事者が合意あるいは裁判によってしか結論を出すことができない自治体
と住民との賠償責任をめぐる問題を解決するための調整の根拠である。
　税は地方税法に基づいて賦課する（地方税法がなければ税は賦課できない）。
税額も法定されている。一方、住民への損害賠償は行うことを当然の前提とし
て、その大まかな「考え方」を国家賠償法や民法が示しているのであって、賠
償の内容は、当事者である自治体と住民とが決定すべき事項なのである。
　税の賦課と賠償とでは、その根拠である「法に基づく」ことの意味合いが大
きく異なる。
　よって、自治体が住民に対して行うべき損害賠償の内容は、国家賠償法や民
法の条文から具体的な内容を導き出すことができるわけではなく、個々の事件
に関する裁判例から類似の事故・事件の傾向を把握していくしかない。

（3）職員の住民に対する賠償責任

　自治体が賠償責任を負う際は、その原因となるミスを発生させた職員は、以
下の場合を除き、基本的には住民に賠償責任は負わない。
ア　②民間的事務の場合は、職員は自治体と連帯して住民への賠償責任を負う。

その際、住民は、どちらにも請求できる。一方が賠償した後は、自治体と職員との間で負担割合を決定し賠償額を清算する。しかし、故意又は重大な過失がない限り、つまりは、ほとんどすべての場合において、自治体が賠償額のすべてを負担することが正当であると考えられる。

イ　①一般事務及び③施設管理事務における職員の故意や重大な過失による住民の損害については、自治体が住民に賠償した後、自治体から求償を受ける（国家賠償法1条2項。同法2条の公の施設の管理においても同じ）。

② 職員が支出のミスによって自治体に損害を与えた場合の賠償責任
（1）賠償責任を負う職員

給与担当職員の源泉所得税の納付ミスによる延滞税の発生など、支出事務上のミスによって職員が自治体に損害を与える場合が少なくない。

その際は、故意又は重大な過失を要件として、以下①②に発生する（自治法243条の2第1項）。

> ①　支払について「権限」を持っている職員（権限職員）
> ②　①を直接補佐する立場にあり、かつ、自治体の規則（賠償規則）で決められた職員

法令上は、支払命令の権限を持っているのは長（自治法149条2号）であり、支払の権限を持っているのは会計管理者である（自治法170条2項1号）。しかし、裁判例では、ここでいう権限職員とは、長などの法令上の権限を有している者ではなく、事務決裁規程（専決規程）によって、支払命令についての専決権（決裁権）を持っている課長などのことを指すとされている。

賠償規則の対象となる職員としては、課長補佐や係長等が想定されており（賠償規則で担当職員を賠償の対象職員とすることはできない）、実際にミスをした担当職員は、賠償責任は負わない。実際には、あまり賠償規則は制定されていない。よって、監督責任を限度として権限職員だけが賠償責任を負うこととなる場合が多い。

権限職員は長であり、専決規程が賠償規則に該当する（課長はここで賠償責任を負う）という誤った理解によって制定されている賠償規則も散見される。

損害の種類	事務の種類	賠償責任を負う者		
		自治体	損害を発生させた職員	決裁権者等
住民の損害	一般的事務（窓口事務等）	○	×（故意・重過失の場合は自治体から求償を受ける）	
	公の施設の管理	○	×（故意・重過失の場合は自治体から求償を受ける）	
	民間的事務（イベント等）	○	○（過失が要件）	
自治体の損害	支払い遅延による延滞税の発生など	—	×	監督責任がある場合○

図 15 − 4　自治体における損害賠償責任

（2）賠償命令額の決定方法

　賠償額は実際の組織体制や具体的な状況から責任割合に従って決められるが、賠償責任者に賠償責任を負わない者（実際にミスをした職員、賠償規則がない場合の係長など）の責任分は加算されない。つまり、当該責任分はだれも責任を負わないことになる。延滞税が 200 万円発生したとして、その自治体のミスをした職員の過失が 50％、係長の監督責任が 25％、課長の監督責任の割合が 25％であり、賠償規則がないとすると、課長が 50 万円を賠償し、残りの150 万円についてはだれにも賠償命令できない。

　裁判例では、権限職員の監督責任は容易には認められておらず、どの職員も賠償責任を負わなかった例もある。そこでは、雇用主たる自治体が権限職員に提供した部下の数、能力、意思決定過程などの諸環境（の不備）も考慮される。

　賠償命令の制度は民法の不法行為（過失責任）の特例であり、賠償命令の対象にならないミスをした担当職員は、賠償責任を免除されるのではなく、賠償責任自体が発生しない。よって、職員に賠償相当額を支弁させることは一種の強制的な寄付となる。

　なお、担当職員が故意に自治体に損害を発生させた場合は、もはや、職務上の行為であるとは評価できないので、本章の賠償命令制度の対象ではなく、故意又は過失を要件とした社会一般の賠償請求を自治体が行うことになる（民法709 条）。

①	②	③
発生しない。 　故意の場合は、賠償命令ではなく民事上の賠償請求を受ける。	権限規則があり、かつ、監督責任がある場合に、その割合だけ発生。	監督責任がある場合に、その割合だけ発生。

図 15 − 5　賠償命令における賠償責任の割合

　賠償命令は、請求ではなく行政処分である。賠償義務を一方当事者（被害者である自治体）の意思だけで発生させるという極めて特別なしくみである。趣旨は、賠償責任の限定を見返りとした早期の賠償の完成である。

Ⅱ　実務の改善のために

1 損害賠償責任の要件としての過失・瑕疵の意味

　個人情報の漏洩などにおける自治体の賠償責任が発生する要件は「過失」である（国家賠償法1条1項）。

　しかし、これは、発生した損害について、自治体に何らかのミスと評価できる行為があれば、賠償責任を負うという意味ではない。「過失」とは、損害の発生を予防するための「一般的、客観的な注意義務違反があったこと」を指す。

　公共工事によって、周囲の建物に損害が発生しても、振動が工事における一般的なものであり、その建物に外見からは分からない構造上の欠陥があったとしたら、自治体に賠償責任は発生しない。周辺のすべての建物に被害が及ばないよう、詳細な調査を施し、振動が発生しないようにすべて手作業で工事をしなかったことをもって「自治体にミスがあった」と評価することも可能である。

　しかし、そのレベルのミスは、自治体の賠償責任の有無を判定する際の要件である「過失」とは評価されない。「過失」とは、一定レベル以上のミスを指す量的な要件なのである。

　公の施設の管理における賠償責任においては、要件が、「過失」ではなく、「瑕

疵（欠陥）」である（国家賠償法2条1項）ことから、過失責任ではなく「無過失責任」と呼ばれることがある。しかし、大規模な自然災害による損害など自治体に何のミスもなく、施設に欠陥が発生した場合にも損害賠償責任を負うわけではない。

　事故が発生しやすい施設の管理においては、国家賠償法1条における「過失」の実質的な意味である「一般的、客観的な注意義務違反」がさらに自治体側に厳しく広く客観的に判断されるべきであるという意図で、「過失」ではなく「瑕疵」と表現的に規定されているのであり、「瑕疵」も「過失」と同様に一定レベルのミスを指す量的な概念である。

　仮に、損害の発生に何らかの関係があり、客観的に自治体のミスと評価できる職員の行為のレベルを10段階で表すとすると、自治体に賠償責任が発生しない場合が1～3、瑕疵が4以上、過失が6以上、のようになる。

❷ 損害賠償制度の意義

　裁判例では、自治体が住民に賠償責任を負うための要件である「過失（瑕疵）」の有無の判断においては、「過失の量」だけではなく、「損害の量（程度）」も勘案される。

　社会においてはさまざまな損害が発生し、だれもが加害者にも被害者にもなり得る。国家賠償法をはじめとした損害賠償の制度は、被害を発生させた責任の所在を明確にすること自体が目的ではない。

　また、事故による損害の発生は、完全に防止することは困難である。その事故に遭遇したことは、当事者の責任による必然的な要素だけではない。

　そこで、損害賠償の制度は、被害者の損害を社会において公平に分配し、被害者を救済することをめざしている。

　よって、裁判所は自治体に比較的過失が少ない場合でも、発生した損害が重大であれば、自治体を被害の当事者であることとは別に、被害者の救済機関と位置づけて、「過失（瑕疵）があった」と認定し、賠償を命じる場合もある。そこでは、予見・回避の可能性や損害を防止できる予防措置の一般性を広く認定するなどの方法が採られる。

おわりに〜復習とさらなる理解のために〜

〔賠償責任における量の見極め〕

　国家賠償法には、「過失」や「瑕疵」という要件が示されていますが、それをそのまま読んで判断すると、つまり「＝ミス」と理解してしまうと、おそらく、住民に損害が発生すれば、その住民に余程の悪意や故意がない限り、自治体は無条件で賠償責任を負うことになってしまうでしょう。

　そうではなく、「過失」や「瑕疵」とは一定以上のミスを指します。国家賠償法の「故意」、「過失」は、「1＋2＝3」における「1」や「2」のように具体的な、前提や条件や要素ではありません。ある事例において「これは賠償すべきだ！」という判断（結論）を前提として、「過失（瑕疵）」の意味を確定していく作業が国家賠償法の解釈には求められます。

　要するに、自治体の損害賠償責任の有無や範囲は、総合的な判断であり、国家賠償法が私たちに言いたいことは、「（その時代の社会常識に合わせて）賠償すべき被害を賠償し、賠償すべきでない被害は賠償しないように」ということなのです。

　私が、隣の席の職員のガムを一つ無断で食べたとします（本当は、やっていませんが）。でも、私は、窃盗罪にはならないでしょう。その結論自体については、みなさんは納得すると思います。では、その理由として、次のどちらが適当であると考えますか？

> 刑法
> 　（窃盗）
> 第235条　他人の財物を窃取した者は、窃盗の罪とし、10年以下の懲役又は50万円以下の罰金に処する。

> ①　窃盗罪に該当するが罪に問うほどではないから
> ②　そもそも窃盗罪ではないから

　①のほうが論理的ですが、法的な説明方法としてより適当なのは②です。量的な要件を満たさないものは、言葉として要件にあてはまっていても、社会において権利義務を確定するために定められている法の要件にはあてはまらないからです。

　法の解釈とは、「量」の判断でもあるのです。

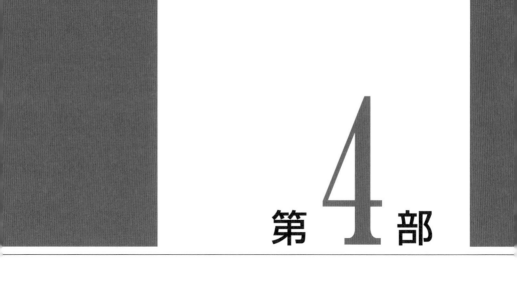

第4部

重要事項編

第16章 条例の効力と役割

　自治体の基本的なしくみは、地方自治法（自治法）に規定されています。自治法においては、自治体の規程として、「条例」と「規則」が用意されています。

１ 自治体の規程

地方自治法（一部略）
第14条　普通地方公共団体は、法令に違反しない限りにおいて第2条第2項の事務に関し、条例を制定することができる。
第15条　普通地方公共団体の長は、法令に違反しない限りにおいて、その権限に属する事務に関し、規則を制定することができる。

　規程とは「きまり」を意味する一般的な用語です。法律に定義を持つものではありません。自治体の規程には、条例と規則の他にも「要綱」、「訓令」、「要領」、そして、「規程」など（本章では、「要綱等」といいます）があります。「規程」（固有の形式）という規程（一般的な「きまり」という意味）もあるのです。ややこしいですね。

２ 法と法でないもの

　条例や規則と要綱等は、規程としての性質が全く違います。要綱等は、条例や規則のように、自治体の基本ルールである自治法などの法律に、その制定根拠を持ちません。つまり、法的には存在しない規程なのです。

　要綱等は、条例や規則にするほどの重要な事項ではない、自治体内部のきまりごとなどを規定（ここは「規程」ではありません）するために、その自治体独自で考えられたローカル・ルールです。

　法律に根拠を持つ条例や規則を「法（ロー）」と呼ぶならば、要綱等は「法ではないもの（アウトロー）」ということになります。

３ 法と法でないものの効果の違い

　要綱等は法ではないので、それを根拠として、有効に住民に示すことはできません。「要綱に規定しているから、それに従ってください。」とか、要綱を示して、「これがあなたの権利です。」とは、いえないのです。要綱等は、自治体

内部のきまりか、あるいは、条例や規則と組み合わされて、住民に何らかの作用を及ぼすことになります。

　この「法律に根拠のない規程によっては、住民の権利や義務を決めることができない」という事実は、住民の権利義務を定めることは、自治体やその機関（長、委員会、職員）の本来の権能（属性）ではなく、法律によってはじめて自治体に与えられた力である、ということを示しています。

４　条例と規則との違い

　では、法律（自治法）に根拠を持つ正式な規程である条例と規則の効力や役割を、詳しく見てみましょう。

　条例は、議会の議決によって制定されます（自治法 96 条 1 項 1 号）。自治体職員として、気をつけておかなければならないのは、条例を制定する手続きとして議決が必要なのではないということです。

　「条例を制定（改正、廃止）するかしないかを決定するのは議会」なのです。長は条例の案を提示しているだけです。間違っても、「〇〇条例は、6 月議会で議決を経て、7 月から施行する予定である」などと、マスコミにアナウンスしてはいけません。議決は手続きではなく「決定（そのもの）」です。議決の前は、「何も存在しない」状態です。「〇〇条例案は、6 月議会で審議される予定。以上」が正しいコメントです。

　議会の役割についての基本的な認識がないとすれば、大きな問題です。条例の勉強をする際には、条例を決定する議会のことも併せて、学習し直してみてください。

５　条例事項と規則事項

　条例は議会が定め、規則は長が定めます。制定主体が違います。よって、条例と規則の効力や役割には違いがあるはずです。同じであれば、わざわざ二つの規程を自治体に用意する必要はないからです。条例と規則との違いは、やはり、自治法に定められています。

地方自治法（一部略）（下線筆者）
第１４条
2　普通地方公共団体は、義務を課し、又は権利を制限するには、法令に特
　別の定めがある場合を除くほか、条例によらなければならない。

①義務を課す場合、②権利を制限する場合は条例でなければならないとされているのです。

この条文は、文理的には意味が通りません。国語の先生が添削すれば0点です。なぜなら、「だれの義務や権利であるか」が規定されていないからです。

しかし、法律の条文としては、これで100点です。ここでの権利や義務、つまり、条例という議会が決定する規程を用いなければ、自治体が義務を課したり、権利を制限したりできない対象とは、わざわざ規定しなくても、法律の世界では当然に共通の理解がなされていることだからです。

法に明るい職員なら、「義務を課し」の前に、法的な明かりを灯して、文理にはない言葉を見出すことができます。

では、ここでの権利や義務とは誰の権利や義務でしょうか。自治体のルールですから、考えられる対象は住民と職員です。

---

① 住民
② 職員
③ 住民と職員の双方

職員に対しては、原則的には、その執行機関が正当な判断によって規則や要綱等で、職務上の義務を決めるべきであると考えられます。

よって、自治法14条2項の「義務」、「権利」とは職員ではなく、住民の義務や権利を意味します。

6 条文の意味を理解するためには

規則ではなく、条例によらなければならないとされている「住民に義務を課すこと」や「権利を制限すること」とは具体的に、何を指すのでしょうか。

法律が分かりにくい理由の一つとして、この自治法14条2項は特にそうなのですが、その抽象性が挙げられます。一つひとつの場合を具体的に規定していると条文が際限なく長くなってしまうので（他にも理由はありますが）、一般的で抽象的な表現を用いて規定されているのです。

しかし、決して、あり得ないことを規定しているのではありません。ですから、一見、難しくて何を言いたいのか分からないように見える条文であっても、今、みなさんの目の前や周りにある何かや発生している何かの起源になっていることだけは、間違いがありません。

ですから、条文の表現が何を指しているのかについて、その条文の文理にはまり込むのではなく、条文の社会的な意味について、想像をめぐらせてみてください。それが正しい法の解釈につながります。

７「義務を課す」「権利を制限する」の意味

「義務を課す」のほうは、意味がわかりやすいですね。自治体が住民に義務を課す作用、つまり、税の賦課（税条例による）などを意味しています。積極的な義務だけではなく、路上喫煙条例のように「駅前での喫煙は禁止する」などの消極的な義務（禁止）も、条例によらなければならないとされている「（住民に）義務を課す」にあてはまります。他にもたくさんありますから、考えてみてください。

難しいのは、「権利を制限する」のほうでしょう。「○○してはならない」のように権利を完全に制限してしまうと、それは、どちらかと言えば、「義務を課す」になってしまいます。ここでいう「権利を制限する」とは、権利の行使に条件をつけることを指しています。権利は保障されなければなりません。

しかし、住民それぞれの権利は衝突することがあります。というよりは、確実に衝突します。その身近な例として建築基準法の内容を挙げます。ここでは、条例の役割を考える便宜上、仮に「建築規制条例」としておきます。

財産権という基本的人権が憲法で保障されています。よって、本来、住宅業者は、自分の土地に好きなようにマンションを建てることができるはずです。しかし、それでは、日が当たらなくなる周辺住民の財産権が損なわれます。

そこで、建築規制条例が建築物の高さを制限しているのです。具体的な制限の方法としては、許可制度が一般的です。建築の際には申請を必要としたうえで、法定の高さを超える建物については許可しない、つまり、禁止にするというしくみです。

ここで、とても重要なことがあります。建築規制条例は、建築物の高さを制限することによって、住民が望む限りの日当たりを一方的に確保しようとしているのではないということです。制限する高さを決定するにあたって、業者の「望む高さ」と住民の「望む日当たり」とは決して、両立し得ないということを前提に、双方に我慢を強いることで、双方の人権を平等に実現できるような高さの基準を設定しています。

つまりは、「痛み分け」を指向しているのです。もっと端的にいえば、業者も（当然ですが）法的には住民であり、どちらかの住民の側に一方的に立つ理

205

由は、建築規制条例やそれを行使する自治体には、当然のことながら存在しないということです。

8 法律論における論理矛盾〜法律論における価値の追求と非論理性〜

　条例によって、それぞれの権利が制限され、平等に実現されます。しかし、「権利」とは、実現が保障されているからこそ「権利」です。

　ということは、自治法 14 条 2 項の「権利を制限する」というのは、論理矛盾を含んでいることになります。

〔自治法 14 条 2 項〕
　　Ａ：条例（法）は権利を制限することができる。
〔権利についての一般的な理解（定義）〕
　　Ｂ：法（法律や条例）によって制限されたものは権利ではない。

　Ａは自治法 14 条 2 項の文理であり、Ｂは法律にかかわる者が持っている共通理解です。Ａの命題と権利についての一般的な理解であるＢの命題は、明らかに矛盾しています。

　仮に建築規制条例によって、建築可能なマンションが 6 階建てまでだとしましょう。所有者は 10 階建てを望んでいます。これについては、二つの説明方法が成立してしまうのです。

---

①　「10 階建て」の権利があり、その権利が条例によって「6 階建て」に制限されている。
②　「10 階建て」は利益（希望）に過ぎず、条例によって認められた「6 階建て」が権利である。

　論理的な思考について自負を持っている人であれば、「要するに、条例ができる前は『10 階建て』が権利であり、制定後は『6 階建て』が権利となったと考えれば、両者は矛盾しない。それでよいのだ」とあっさり片づけてしまいそうです。

　しかし、この考え方には、「そもそも権利とは何か」という法的な思考が欠けています。職員として「住民の権利」を考えてみる機会を逸していることにも気づいていません。法的な課題において、論旨が破綻したときに、それを論

理的に整除しただけでは（理屈を立てただけでは）何の解決にもならないという基本的な認識がないのです。

ここでは、自治法14条２項の読み方ではなく、条例で制限される前の「10階建て（人によっては100階建て）」が、そもそも人として認められるべき本来的な「権利」なのか、そうではないのか（単なるエゴなのか）という価値論が仕掛けられているのです。

単に時系列的に権利が「10階建て→６階建て」になったのではなく、そもそも６階建てが権利だったのではないか、それを10階建てのまま放置（権利として認めるべきでないものを実現させていた）のではないか、という方面へ頭が回転しない（回転軸が違う）のです。私は、（ずるいようですが）、条例によって「①である場合」や「②である場合」があると考えます。

法律論とは、数式のように論理として完結している（その一方で無価値な）ものではありません。「結果の正しさ」を実現する中で、必要に応じた「適度な論理性（大多数の人が、ある程度、その理屈で納得する）」を追求しているのです。論理は価値に従属します。法律論において、論理が正しさ（価値）に優先することがあってはなりません。論理矛盾があっても、論理立てによってあるべき価値が破壊されるのならば、その矛盾は放置されなければなりません。

9 条例と規則との本当の違い

「義務を課す」、「権利を制限する」の意味が分かりました。では、自治法14条２項を、全体的に理解してみましょう。

> 地方自治法（一部略）（下線筆者）
> 第１４条
> ２　普通地方公共団体は、義務を課し、又は権利を制限するには、法令に特別の定めがある場合を除くほか、条例によらなければならない。

そのまま読めば、以下のような意味になるでしょう。

> 「条例でも、規則でも、住民に義務を課すことはできるが、条例を用いなければならない（自治法14条違反になる）」

移動手段に例えれば、以下のようになります。

> ①　福岡から東京に行く方法としては、新幹線（条例）と飛行機（規則）
> 　がある。
> ②　しかし、新幹線（条例）で移動（権利義務を規定）しなければなら
> 　ない。飛行機（規則）を使ってはならない。

しかし、自治法14条2項の法的な意味はそうではありません。

🔟 法における基本的な考え方

　法の世界には、長い歴史の中で確固たる実証を得た経験的なストーリーが、その根源に存在します。法律や条例はその「普遍の法的ストーリー」によって生まれました。

> ①　むかし、むかし、ある国に一人の王様がいました。
> ②　国民のことを考えるとてもよい王様で、みんな信頼していました。
> ③　しかし、年が経ち権威が大きくなるにつれて、王様は次第に横暴な
> 　ことや不公平なことをするようになりました。
> ④　困った国民は、代表を選び、国の大切な事柄を決めるためのルール
> 　を創り、王様にそれに従うよう要求しました。
> ⑤　王様は、国民の代表の要求を聞き入れざるを得なくなり、ルールに
> 　従った政治を始めました。
> ⑥　王様は、横暴なことや不公平なことができなくなり、元のよい王様
> 　に戻りました。めでたし、めでたし。

　この「普遍の法的ストーリー」にあてはまらなかった為政者は、人類史上、だれ一人としていません。また、今後も決して、現れることはありません。そこで、「住民の代表である議会が決めたルールだけが住民の義務を決定し、権利を制限することができる」という法の世界の大原則が生まれました。

　自治法14条2項は、その原則を確認的に規定しています。同項の本当の意味（論理的な意味ではなく法的な意味）は、「条例以外の規程で、義務付けや権利制限を意味する条文を設けても、一切、効力は発生しない。住民はそれに従う必要はない。無視してかまわない」なのです。飛行機（規則）では、東京には行けない（義務付けや権利制限はできない）、福岡⇔東京便は運航してい

ない、ということです。

　法のしくみには、「普遍の法的ストーリー」によってもたらされた行政に対する「ジェラシー」が通底しています。それは、私たちが日常的に使っている「嫉妬」という意味ではありません。「猜疑」です。ルールで縛っておかなければ信用できない、そのうちいつか必ずおかしなことをする、という認識です。正確にいえば、行政に対するというよりは、人間という存在そのものに対する猜疑でしょう。

　行政を縛るのに行政が創ったルール、つまり、規則で縛れるはずはありません。だから、自治体において重要な事柄（住民に義務を課し、住民の権利を制限する）は、議会（住民の代表）が決定する条例で決めるのです。

第17章 行政処分のしくみ

　行政処分とは、「法律や条例の根拠に基づいて、自治体が一方的に（住民の同意なしに）住民の権利義務を発生させる行為」です。権利や義務を発生させる法的な力には、「契約」と「行政処分」があります。

■ 行政処分とは

　契約は当事者の意思によって権利と義務が発生しますが、行政処分は法律や条例を根拠として権利義務を発生させる、権利義務の当事者にとっては外在的な力です。住民に負担してもらうべき社会的な義務を発生させる際に「契約（合意）」ではなく、「行政処分（法による強制）」という手段が用いられます。

　行政処分は、権利や義務を発生させる行為ですが、実態上、そのほとんどは住民の「権利」ではなく「義務」を発生させる役割を担っていますから、ここから先は、特段の断りがない限り、「行政処分＝住民の義務を発生させる行為」として話を進めます。

■ 行政処分の根拠

　行政処分を行うためには、議会の決定によって成立する規程である法律又は条例の根拠が必要です。議会が成立に直接は関与しない政令、省令、規則によっては行政処分を行うことはできません。国の場合も同じです。もちろん、正式な規程ではない要綱も行政処分の根拠ではありません。

　この法律と条例だけが行政処分の根拠となり得るという、法務における原則を「侵害留保の原則」と呼ぶことがあります。別の呼び方や捉え方をすべきであるという説もありますが、ここでは置きます。侵害留保の原則を具現化したと評価することもできる規定がいくつかの法律にあります。

地方自治法（一部略）（下線筆者）

第14条　普通地方公共団体は、法令に違反しない限りにおいて第2条第2項の事務に関し、条例を制定することができる。

2　普通地方公共団体は、<u>義務を課し、又は権利を制限するには</u>、法令に特別の定めがある場合を除くほか、<u>条例によらなければならない</u>。

> 内閣法（下線筆者）
> 第11条　政令には、法律の委任がなければ、義務を課し、又は権利を制限する規定を設けることができない。

> 国家行政組織法（一部略）（下線筆者）
> 第12条　各省大臣は、主任の行政事務について、法律若しくは政令を施行するため、又は法律若しくは政令の特別の委任に基づいて、それぞれその機関の命令として省令を発することができる。
> 3　省令には、法律の委任がなければ、罰則を設け、又は義務を課し、若しくは国民の権利を制限する規定を設けることができない。

　「義務を課す」ことには、地方税法（税条例）に基づく税の賦課などがあたります。それに加えて、どの法律にも、「義務を課す」だけではなく「権利を制限する」場合にも法律や条例の根拠が必要とされています。これも義務付けの一つの態様だと考えてかまいませんが、「（住民の）権利を制限する」とは、以下のような行為を指します。

> ①　住民は本来どのような行為を行うことも自由である。
> ②　しかし、何もかも、どんな人にも無条件で自由を認めると社会が混乱する（おそれがある）。
> ③　そこで、一定の社会的行為を行うことを禁止する。
> 　　＝自由に行ってはならないという義務を課す。
> ④　そのうえで、資格審査を行い、適正にその行為を行う能力や見識などを持った者に対してだけ、行為を行う禁止（③）を解除し、もと（①）の自由を回復させる。

　②の段階に義務付けがあるのだと理解しておいてください。このようなしくみ、あるいは④の段階を指して、法的な考え方において「許可」と呼びます。食品衛生法に基づくレストラン・屋台の営業許可や公の施設の設置管理条例に基づく施設の使用許可などがこれです。許可制度を創設するには法律か条例の根拠が必要であるというのが「権利を制限するには……」の意味なのです。

❸ 行政処分という「考え方」

　上記❷で説明した「許可」とは、条文における「許可」のことではありません。法的な考え方における「許可」です。両者は一致しない場合があります。

　「許可」であるかどうかは、条文のしくみ、つまり対象や目的などによって判断することになります。条文上の用語が許可でなくても、しくみが許可であればそれは法的な考え方における許可を意味し、許可として社会で機能していきます。

　数学などの自然科学を勉強した方には理解（承服）し難いことでしょうが、法学においては、実際の法律に優先して「考え方」が存在します。考え方に実体的な根拠はありませんが、その考え方を、それぞれの分野において実現する手段として法律が作られるのです。法律を創る人、解釈する人、それを使って争いごとをする人、みんな、この「法的な考え方」を踏まえて法務に携わります。財産管理における例を挙げます。

①A市○○公園の設置及び管理に関する条例
　（利用の許可）
第6条　別表に掲げる自然の郷の施設を使用しようとする者は、あらかじめ指定管理者の<u>許可</u>を受けなければならない。

②地方自治法（一部略）（下線筆者）
　（行政財産の管理及び処分）
第238条の4
7　行政財産は、その用途又は目的を妨げない限度においてその使用を<u>許可</u>することができる。

　どちらも、条文のうえでは、「許可」ですが、①は住民が公の施設を利用するという本来的な権利についての許可、つまり、権利の回復や確認、さらには、他の住民との利用調整を意味していますから、法的な考え方における「許可」に近いものです。考え方と実際の条文の表現が一致しています。

　一方、②は電柱、自販機、組合事務所などの本来は、行政財産の中にはないはずの物の設置行為についての許可です。ということは、住民が本来有しない庁舎などを利用する権利を特別に設定する行政処分なので、法的な考え方においては許可（権利の回復）ではありません。「特許」という類型の行政処分です。「義務」ではなく「権利」の設定を目的とした行政処分です。

A市条例が作られた過程は以下のようになります。

> ア　行政処分の類型中から、当該施設の利用における最も適当な考え方
> 　　である「許可」を選択した。
> イ　条文を作成する際に、「許可」を許可として表現するか、あるいは、
> 　　一定の理由から他の用語にするかを検討した。
> ウ　やはり、「許可」と表記することにした。

一方、自治法238条の4第7項は、以下の過程を経ていると考えられます。

> ア　考え方の中から、行政財産の利用にあたる「特許」を選択した。
> イ　条文を作成する際に、「特許」を特許と表現するか、あるいは、一
> 　　定の理由から他の用語にするかを検討した。
> ウ　形態としては、使用に対する許諾なので、分かりやすく「許可」と
> 　　表記することにした。

　過程的には法制度はこのような形で制定されます。自治法第238条の4第7項においては、考え方（特許）と条文の表現（許可）とが一致していませんが、それは、違法なことや、おかしなことでありません。考え方をそのまま条文の表現に用いなければならいという決まりごとは存在しません。そもそも、同項の制定においては、上記で示した立法過程のように、明確に「許可」や「特許」を意識して選択的に条文を作成したわけではなく、結果として、法的に評価すれば許可や特許に相当するしくみが作られたということなのかもしれません。

４　認可と許可の違い

　「認可」は、規制の対象となる法律行為の効力自体を発生させる行政処分です。法律で認可が必要とされているにもかかわらず、認可を受けずに行った行為は、世の中に存在しないことになります。認可を受けずに契約などの法律行為を行っても（正確にいえば、その法律行為の成立に必要な認可以外の要素を備えても）、それは無効です。一方、許可は適法にその行為を行うための要件ですから、許可を受けなくても行為自体は有効です。ただし、違法行為となり、不許可の行為に対しては、多くの場合、罰則が待っています。

　ここでいう許可と認可は、ほかの行政処分もそうですが、法務における行政

処分についての類型であり、「考え方」です。あくまで、学問的な存在です。法律や条例を制定する際には、行政処分のひな形として参考にされますが、条文上の表現は、この学問上の類型とは一致しない場合があります。例えば、認可にあたるものが条文では「許可」と規定されている例も、少なくありません（農地法3条など）。その際には、「許可」を許可と読むのではなく、「これは認可である」と解釈できる能力が必要となります。

法的な考え方（行政処分としての類型。教科書における記述）	性質	対象	条文上の表現	効果（違反した場合）	例
許可	適法性の付与	法律行為事実行為	許可免許など	違法	飲食店営業自動車免許
認可	法的効力の付与	法律行為	認可許可など	無効	電気料金農地転用

図17−1　行政処分の性質と効果

　なお、ここでいう「効力（有効か無効か）」と「適法性（違法か適法か）」は、行政処分の瑕疵について語られる「違法にすぎないか、無効になるか」と「違法」、「無効」の意味や内容は同じですが、趣旨が異なります。許可は行為の取り締まり、認可は契約の補完という行政手法としての「狙い」の違いです。認可と許可は量的・質的に、直接比較できる、つまり、認可のほうが規制手段として強いとか、認可違反のほうが非違性が大きいと言い切れるものではありません。しかし、根拠法令の意図を除いて単純に比較するとすれば、法的効果としては、有効無効を左右する効力要件である認可のほうが大きいとは考えられます。

　電気料金の場合に置き換えると、認可制の場合は、電力会社が認可を受けずに料金を値上げした場合、たとえ電力の供給契約が当事者間で成立していても、値上げ部分は無効です。許可制の場合は、当事者が合意すれば、値上げは法的には（契約としては）有効ですが、勝手に値上げした料金で契約したことについて、電力会社に罰則が科せられることになります。

5 行政処分の意義〜規制についての考え方〜

ここまで、許可という行政処分のしくみについて、次のように説明しました。

> ① 住民は本来どのような行為を行うことも自由である。
> ② しかし、何もかも、どんな人にも無条件で自由を認めると社会が混乱する（おそれがある）。
> ③ そこで、一定の社会的行為を行うことを禁止する。
> ＝自由に行ってはならないという義務を課す。
> ④ そのうえで、資格審査を行い、適正にその行為を行う能力や見識などを持った者に対してだけ、行為を行う禁止（③）を解除し、もと（①）の自由を回復させる。

この考え方は、「本来は、すべてにおいて、自由な社会が存在するはず（存在すべき）である」という価値観に基づいています。それに沿う形で、さまざまな法律による許可や認可の制度、つまり、行政処分を用いた法的しくみが社会において、「規制」と呼ばれ、そのように評価されています。

しかし、電気料金の認可制度が果たしている役割がそうであるように、そのときどきの社会において存在する許可や認可などの法的なしくみは、社会が成立するために欠かせないものです。

さまざまな許可や認可制度の存在によって、必要な権利を実現するための実質的な自由が保障されており、だれもがその規制の恩恵にあずかっています。特に弱い立場にある人の権利の実現に役立っています。「規制（と私たちが呼んでいるもの）」が存在しない社会は、形式的に自由な社会にすぎないのです。

よって、「自由な社会が存在すべきである」という価値観を、「すべてにおいて自由な社会など虚構（本当の意味で自由な社会ではない）であり、実在しない（すべきではない）」という価値観に置き換えるべきであるとも考えられます。それによれば、規制は権利に外在するものではなく、そもそも権利に内在しているのであって、許可や認可の根拠法令は、その内在する規制を具体化・政策化したものであるということになります。社会における「規制」ではなく「前提」だといえるかもしれません。

どちらの価値観に立つにせよ、規制を緩和することが定性的に正しいとか、常にあるべき方向であるなどと理解することには意味はないと考えられます。規制を緩和する際には、「時代遅れだ」とか、「どうしてこんな規制があるのだ」

と単純に否定する（そういう人に限って、場面が変わると、反対に、「とにかく規制だ！規制だ！」と騒ぎ立てます）のではなく、その規制が設けられた目的やここまで果たしてきた役割を検証・評価することを怠ってはいけません。

　いわゆる「規制緩和」によって、現在の社会が享受しているメリットは、規制の見直し自体による成果ではなく、規制が継続されたことによって、社会において必要とされる前提の一つが確固たるものになったことによって、もたらされた成果であり、結果なのです。

6 行政処分の対象

　自治体における代表的な認可制度としては、農地転用の許可が挙げられます。

農地法（一部略）
　（農地又は採草放牧地の権利移動の制限）
第3条　農地又は採草放牧地について所有権を移転し、又は地上権、永小作権、質権、使用貸借による権利、賃借権若しくはその他の使用及び収益を目的とする権利を設定し、若しくは移転する場合には、政令で定めるところにより、当事者が農業委員会の許可を受けなければならない。
6　第1項の許可を受けないでした行為は、その効力を生じない。
　（農地の転用の制限）
第4条　農地を農地以外のものにする者は、都道府県知事の許可を受けなければならない。
第64条　次の各号のいずれかに該当する者は、3年以下の懲役又は300万円以下の罰金に処する。
　一　第3条第1項、第4条第1項、第5条第1項又は第18条第1項の規定に違反した者

　転用許可を受けずに行った場合、その売買契約は無効です（農地法3条6項）。農地の所有権移転の効果は発生しないのです。よって、3条1項における行政処分の条文上の表現は「許可」ですが、法的な考え方においては認可に分類されることになります。同項の許可の性質について教科書を参考にするときは、許可ではなく認可の項を開かなければなりません。

　農地法3条1項の「許可」が「許可」であっても、「認可」であっても、他のどのような用語であっても、同条6項が存在する限り、3条1項の法的なしくみは「認可」になります。法の解釈とは、条文における「許可」の国語的な

意味を確定することではなく、行政処分としての当該条文における「許可」について、法的な考え方（行政法の教科書に載っている行政処分の役割）における類型を確定することなのです。

　ただし、同条の違反に対しては、64条1号の罰則もあるので、「効力」と「適法性」を同法が担保していることになります。よって、ここでの「許可」は、認可と許可との双方の効果を併せ持っていると考えることもでき、いくつかの法律の教科書には、「農地法3条1項の農地転用許可は、認可でもあり、許可でもある」と記述されています。

７　行政処分の効果

　しかし、疑問が生じます。農地法3条1項の許可は認可の効力があるのですから、64条1号の「3条1項に違反する」の意味は法的には成り立ちません。許可を得なければ、農地の所有権は移転しないからです。同項に違反する行為を行うことは法的に不可能です。法律行為（ここでは契約）について認可が必要である場合に、認可を受けずに法律行為（契約）を行ったら罰則、というのは話がぐるぐる回っています。

　したがって、農地法64条1号の罰則は、法律行為としての農地の所有権移転契約ではなく、事実行為としての農地の引き渡しに対して課すという意味であり、同号は正確には、「3条1項の規定に違反した者」ではなく、「3条1項の認可（条文上は許可）を得ずに、農地を引き渡し、売買が行われたと同様の状態にした当事者」という意味になるはずです。

　この点については、ルールを条文で表すという作業における技術的な限界なのか、あるいは、いわゆる法制執務（条文の綴り方における慣習）の仕業だと、とりあえずは考えられますが、法律案を作った際の法的な検討の不足かもしれません。「まさか！？」と思うでしょうが、条文は自然の存在ではなく人為です。ここでの指摘の当否はさておくとしても、一般論としては、実際の条文について、さらには法制執務自体について、よりよい形が他に存在するということは十分にあり得ます。

　私は、農地法64条1号の罰則の適用については、3条1項違反（正確には、違反と同視できる事実行為の存在）の場合と4条1項違反の場合とは、書き分けるべきだと考えます。先に、指摘した「違法になりようがない」ということに加えて、仮に、売買に伴う事実行為を指すとしても、「売買によって引き渡したのと同様の状態」には多様な場合が考えられ、64条1号における3条1

項違反に、罰則の要件に値するだけの限定的な意味を持たせることは、この条文では困難だからです。あるいは、3条1項における許可の対象を、契約ではなく、契約成立後の引き渡しにして、認可ではなく文字どおりの許可とする方法も考えられます。

　一方、4条1項は、農地を宅地などに造成するという事実行為についての規制ですから、同項違反については、64条1号で意味が通ります。そもそも、4条1項の「許可」は、3条1項のような認可ではなく、その名のとおり、法的なしくみ（行政処分の類型）としても許可です。

　認可は、契約の効力自体を左右する行為ですから、経済的な統制などの国家的な課題の解決に用いられます。ローカルな行政課題の解決手段にはなじみません。よって、法律に基づいて、国（担当大臣）や都道府県（知事・行政委員会）が認可を行うことが多く、市町村の執行機関が認可権限を持つことは稀です。自治体による認可は、自治法における自治会などの地縁団体が法人になる際の認可制度くらいです（自治法260条の2）。認可を受けなければ、自治会や町内会は法人になれません。認可を受けずに法人になることが禁止されているのではありません。その場合は、認可ではなく許可になります。

　条例で認可制度を設けることは、おおよそ考えられません。そんな条例を制定したら、そのほとんどが憲法違反（原理的な違法。常識外れ）や法律違反になると考えられます。法律行為の有効無効を地域によって分ける理由や正当性は、おおよそ見当たりません。

🔠 法律行為と事実行為との違い

　行政処分や行政指導を正しく理解するためには、対象と効力をしっかりと押さえることが大切です。まずは、事実行為と法律（的）行為との違いを理解できる能力が必要となります。「物としての農地を引き渡すこと」と「農地の所有権を移転させること」の違いです。

　公の施設の管理であれば、「施設を物理的に閉鎖すること」と「施設の利用を法的に停止すること」の違いです。「施設の使用を停止する」とは、入口の自動ドアの電源を切ることでも、警備員を置いて入場を阻止することでも、施設の照明を落として真っ暗にすることでもありません。施設の管理という法的な営みの一つであり、だれもそれを視的に捉えることはできません。

第18章 契約のしくみと役割

　契約事務を適切に行うためには、民法、自治法、財務規則などの規定だけではなく、「契約が社会において果たしている役割」、そして「法律との関係」についての理解が必要です。

　また、「権利」という「法的な考え方」を持つことによって、契約のしくみが理解できます。

■ 契約のしくみと役割

（1）権利・義務と利益

　成人式で話題となる着物の売買契約を例にします。成人式に向けて、着物屋さんは振袖を売って儲けたいという希望を持ちます。一方で、成人式を控えた若者やその親は晴着が欲しいという希望を持っています。このような「欲しいなあ」、「したいなあ」という望みのことを「利益」といいます。

　この利益は、着物と代金との交換を約束することによって実現します。この約束が契約です。契約によって自分の利益は権利として保障され、また、相手方の利益は義務として保障しなければならないことになります。契約とは利益（希望）を権利と義務（現実）に変えるためのしくみなのです。

（2）契約と交換的正義

　「法」とは、権利と義務を発生させる規範を指します。契約によっても権利や義務が発生します。法といえば通常は法律や条例などをイメージしますが、契約も法なのです。

　あらゆる法は、それぞれに社会において正しいこと（正義）を実現するという目的を持っています。契約が目的としているのは、権利や義務は他人に強制されるのではなく、当事者が自分で決めるという正義です。これを「交換的正義」と呼ぶことがあります。

（3）権利義務の主体としての人

　契約によって利益を権利（義務）に代えることで人は生活していきます。明日、どんなことが権利として保障されているか、また、義務として実行しなければならないかがはっきりしていなければ何もできなくなってしまいます。

ですから、法の世界では、権利と義務を負うことができる存在を「人」であると観念します。法的な人とは実体ではなく「権利と義務のかたまり」なのです。

2　契約締結の手続き

（1）民間における契約手続

契約には決まった手続きや様式はありません（民法91条）。当事者の意思表示、例えば、「この値段なら売ります」、「はい、買います」で成立します。

では、なぜ、契約書を作成しているのでしょうか。それは、「確かにこの条件だった！」、「いや、そんなことは約束していない！」のトラブルの発生を避けるためです。だから、家や車の売買などの大きな契約には契約書が必要とされているのです。契約書は、あくまで証拠保全や確認のためであり契約書の作成や押印は契約を成立させる効力要件ではありません。

（2）自治体における契約手続

自治体の契約については、どの自治体においても規則（契約規則、財務規則など）で一定の金額以下の契約以外は契約書の作成が義務付けられています。

そのうえで、すべての契約について契約書を作成していたのでは事務が非効率になるので規則で定める一定金額以下の契約については、契約書を省略できることとなっています。

A市契約規則

（契約の締結）

第20条　落札の決定通知を受けた者又は随意契約の相手方（以下「契約者」という。）は、落札の決定通知を受けたときまたは随意契約の相手方となったことを知ったときは、5日以内に契約書に記名押印しなければならない。

（契約書作成の省略）

第21条　次の各号の一に該当する場合は、契約書の作成を省略することができる。

(1)　契約金額が30万円以下のとき。

(2)　官公署と契約するとき。

(3)　せり売りに付するとき。

(4)　物品を売り払う場合において、買受人が代金を即納してその物品を引き取るとき。

> （5）　災害等で緊急を要するとき。
> （6）　その他市長が契約書の作成を要しないと認めるとき。
> 2　契約書の作成を省略する場合で前項第 1 号に該当するときは、請書又は
> 　見積書を、同項第 2 号又は第 6 号に該当するときは、公文書その他適当な
> 　文書を徴するものとする。

　自治体には契約に際して契約書の作成が義務付けられているのだとする見解
があります。しかし、その根拠となる具体的な法令の規定は見当たりませんし、
法律上の義務であるのならば、法律よりも効力が劣る規則で契約書を省略でき
るはずはありません。

　自治体が契約を行うこと自体には法令の根拠はいらないことからも、契約書
の作成義務は、自治体の契約が公金の支出であることを踏まえ、長の契約権限
（予算執行権。自治法 149 条 2 号）に基づいて、財務規則などによって自ら創
設したものだと考えられます。

　なお、契約書を作成する場合は、長の押印がなければ成立しないこととなっ
ており、民間における契約とは異なります。これは明確な法律上の規定です（自
治法 234 条 5 項）。

❸ 契約における民法の役割

（1）民法による矯正的正義の実現

　契約書どおり、つまり、当事者の約束どおりに互いの権利義務が実現すれば
問題はありません。しかし、契約で決めていない事項について主張が対立した
場合は困ります。そのようなときは、民法という法律の出番となります。

　着物の引き渡し時期を 1 月 8 日と決めていたものの、代金の支払時期は決め
ていなかったとしましょう。着物屋さんは着物と引き換えに代金を支払うこと
を主張します。一方で、親は 6 月のボーナスで支払うことを望みます。契約で
定めていませんし、合意しないので解決しません。そこに、民法が適用される
ことになります。

> 民法
> 　（代金の支払期限）
> 第５７３条　売買の目的物の引渡しについて期限があるときは、代金の支払
> 　についても同一の期限を付したものと推定する。

　ここで、大切なのは、契約において代金の支払期日を決定していなかったので、民法573条の役割が発生したのだということです。仮に契約で「6月30日の支払い」と決めていれば、1月8日ではなく6月30日が支払期日になります。民法573条は適用されません。

　地方税法における法定納期限も債務（人に対する義務。金銭の支払義務など）の履行期限ですが両者は全く意味が違います。

　「契約書をよく読みましょう」との呼びかけが消費者になされますが、それは、契約した内容について事後に主観的な不利益に気づいても民法という法律で修正する（「民法に反しているからおかしい！」）ことはできないからです。民法は、基本的には契約を補完するための法律だと考えてください。

　自治体職員がしごとで使っている○○○法や××条例（行政法）とはその内容以前に、法としての役割が根本的に異なるのです。民法は契約当事者の仲裁役に過ぎず、行政法とは違って自ら権利義務の内容を一次的に決定する役割を持っているわけではないのです。

　このような契約を補完・修正する役割を持っている民法という法律が社会において、めざしている正義を「矯正的正義」と呼ぶことがあります。

（2）自治体における契約書の意味

　自治体において業者と契約を締結する際には、民法どおりの内容については、あえて規定する必要はありません。契約書に記載がない事項については、民法が適用されるからです。ただし、重要な事項については民法と同じであっても確認のために記載する意味はありますし、実務上もそのようにされています。

　民法と異なる内容を合意する場合、例えば、引渡しの時以外に支払いを行うとか、契約不適合（瑕疵担保）責任の期間を延長、あるいは、短縮する場合などには、その旨を契約書に書き込むことになります。その際には、「民法○○条にかかわらず」などというくだりは当然、無用です。契約の当事者で決めるべきことを当事者の合意で定めたにすぎず、法律の例外を定めているわけではないからです。

　一方で、やはり民法の規定は契約一般における「世間相場」ではあります。その意味で、みなさんの自治体の標準契約書（契約マニュアル）について、民法どおりの内容を確認的に規定したものなのか、あるいは、自治体の方針として民法とは異なる内容を規定したものなのか確認してみてください。

（3）契約における留意点

　契約ですから、自治体が有利になるような内容で交渉する、具体的には契約のひな形である標準契約書の様式を民法の規定よりも自治体よりに定めておくのが当然のような気がします。しかし、契約したからにはその内容を相手方に実現させなければならない義務が職員に発生します。きつい内容を盛り込み過ぎると担当職員やその後任に無用な負担をかけることになりかねません。

　例えば、企業誘致のための土地（普通財産）の売買契約において、土地に契約時には分からなかった欠陥が明らかになったときは、自治体は売り主としての責任を民法のうえでは負うこととなっていました（旧瑕疵担保責任。欠陥を知ったときから1年。旧570条）。その売り主としてのリスクを回避するために民法の瑕疵担保責任の期間よりも短い期間（例：契約時から1年）を契約書に規定することとしている自治体もあるようです。

　しかし、これは、瑕疵担保責任を軽減することを意味すると同時に、民法（世間相場）上の瑕疵担保責任を負って、当該企業を援助することはできないことも意味します。進出企業は単なる土地の売却先ではないでしょう。住民の雇用にも貢献するなど永年にわたって自治体とまちづくりのパートナーシップを築いていく相手方です。その関係を根本から損ねるような契約内容は避けるべきだと考えられます。

　その意味で、自治体の契約は弁護士に相談して契約一般における法技術的な事項だけを詰めればよいというものではありません。自治体職員が主体性と行政固有の視点を持って契約内容を決定していかなければならないのです。

（4）「法人」の意味

　権利義務の主体、権利や義務を持つことができる存在は人だけです。法的な意味での「人」には、人間と法人とがあります。法人には、人間のような実体はないのですが、法律の根拠によって団体などが権利義務の主体となることを認められています。自治体も法人、つまり、法の世界では職員と同じ「人」です。根拠は自治法にあります（2条1項）。

　法人のしくみについて考えてみましょう。個人経営の商店の場合、経営者であるＡさんが店の看板に「Ｘ商店」と掲げて商売をしていても、それは、屋号でありＸ商店が法人であることを意味するものではありません。Ｘ商店とは物理的な空間にすぎず、そこで繰り広げられる契約はすべてＡさんが権利義務の主体になります。儲けも損失もＸ商店ではなくＡさんのものです。そもそもＸ

商店という法的な意味での「人」は存在しないのですから当然の帰結です。

その後、Ａさんが「Ｘ商店株式会社」を設立すれば、個人経営のＸ商店のときと同じように経営判断はＡさん（会社設立後は代表者）が行うものの、権利や義務はＡさんではなくＸ商店株式会社に帰属することになります。

Ａさんは、経営において権利義務の主体から権限の主体に変わったことになります。自らの利益のためではなく、建前としてはＸ商店（株）という法人のために働く（権限を行使する）ことになるのです。

Ａさんの資産とＸ商店（株）の資産とは分離されます。Ｘ商店（株）の資金で、自己が使用するための家や自動車を購入することはできません。反対に、Ｘ商店（株）が多大な損失を発生させても、Ａさんの財産が損なわれることはありません。Ｘ商店（株）の債務はＡさんの債務ではないのです。

（5）契約書における名義の意味

法人の契約書には、法人名と代表者名あるいは契約権限を持っている者の名前が表示されます。自治体の契約書についても、「○○市代表者○○市長××××」と記載されます。

これは、契約の当事者は○○市であるところ、法人は自ら意思表示ができないので、○○市に代わって市長が契約内容について合意するという意味です。

契約するかしないかの判断は市長が行いますが、契約の結果、得られる権利（ものやサービス）と対価の支払い義務は○○市に帰属します。

その意味で、市長は代表者というよりも自治体という「人」の代理人であると考えたほうが分かりやすいかもしれません。○○市は「権利義務」の主体（持ち主）、市長は「権限」の主体であることになります。

なお、自治体における契約締結の権限は長と公営企業の管理者だけが持っています（自治法149条2号、地方公営企業法9条8号）。よって、教育委員会の事務において必要な契約も長が締結（判断＝権限行使）することになります。

④ 行政法の役割～配分的正義の実現～

　契約で自由に自らの権利義務を決定し（交換的正義）、トラブルが発生すれば民法が補完する（矯正的正義）、これで社会がすべてうまくいく（すべての正義が実現する）かといえばそうではありませんね。

　そもそも、貧困、病気、環境の悪化などで契約による交換的正義の実現に加わることができない状態にある人たちもいます。彼らを交換（契約）ができる地位まで引き上げなければなりません。

　そこで、生活保護を支給したり、健康保険制度を用意したりする必要があります。そして、それらの制度の原資を確保するためには税を徴収しなければなりません。

　しかし、着物の売買契約とは違って自らの直接の利益とはならない税の負担に住民が応じ、収入の一定割合を自治体に寄付する契約を結ぶことは期待できません。交換ではないからです。

　一方で、だれもがいつかは、交換的正義ではない正義の実現による権利の獲得に頼らざるを得ないことが想定されますし、実際に、そうなっているはずです。家族が重い病気を患って長期の入院をした経験や子どもを学校や保育所に通わせた経験はあると思います。

　仮に、治療や就学の費用がすべて自己負担であったとしたら、私たちの現在はないでしょう。私たちが生活を維持しながら用意できる金額で必要な医療や教育を提供してくれる（交換してくれる）相手方など存在するはずもないからです。

　よって、自らが義務を負担することは別として、総論としては税制度や福祉制度を設けることにはだれもが賛成するはずです。

　そこで、契約の代わりに、住民の代表である議会によって、負担や配分の基準となる法律や条例（法令）を制定し、当事者の契約（合意）ではなく、法令の要件に基づく行政処分（自治体の一方的な命令）で住民の権利や義務を発生させるのです。交換的正義では実現できない正義の実現手段です。これを「配分的正義」といいます。

　かつての成人式における晴着が届かないトラブルやその後の善意による美談を、そもそも晴着を用意できる環境にない19歳や20歳の若者はどのような思いで眺めていたでしょうか。自治体職員として、配分的正義の実現という観点から考えてみる価値はあると思います。

　それは、業者の契約違反によって晴着が届かなかった若者たちに、代わりを

どのようにして調達してあげるかという問題よりも真に法的な課題です。

5 社会における「三つの正義」と法

　契約は「交換的正義」、民法は「矯正的正義」、そして、行政法は「配分的正義」をめざしています。このうち、行政法による配分的正義を実現するのが自治体職員の役割です。なお、「行政法」とは、一般には、「民法」のように個別の法律を指す言葉ではなく、行政処分や行政指導の根拠となっている法律や条例の総称だと考えてください。

　都道府県や一部の市の庁舎の入口に掲げられている「〇〇県（市）庁」という看板や石碑は、「法令に基づく行政処分を行う機関」という意味も持っています。「庁」や「行政処分」は権力的な堅苦しいイメージを住民に与えているかもしれません。しかし、本当は、弱い立場にある人たちを配分的正義の実現によって助ける場所や作用だ、という意味を持っているはずなのです。そのことが、住民に伝わるようにしたいですね。

第 19 章 法制度の理解〜委託制度を例に〜

　法律に基づく制度（法制度）は、それぞれ、条文という形で存在しています。しかし、法制度のしくみのすべてが、そのまま記述的に文章として綴られているわけではありません。

　その法制度が設けられる以前に、すでに、所与として存在している基本的な型（基本形）に従って創られています。

■ 法制度の成立の過程と理解

　この基本形はだれかが政策的に考え出したものではありません。あるべき権利や義務を実現するためには、物の道理として、「この形しかない」として発見されたものです。そして、多くの場合、基本形は、法制度の根拠となっている条文には規定されてはいません。

　ですから、政策をそのまま条文にすれば法制度として実現するというわけではなく、また、法制度の根拠となっている条文をそのまま読めば法制度のしくみが理解できるというわけではないのです。

　自治法には、さまざまな委託の制度があります。

> ・　指定管理者制度（244 条の 2 第 3 項）
> ・　事務の代行（252 条の 16 の 4 ）
> ・　事務の委託（252 条の 14）

　これらの委託制度を理解するためには、委託における基本形を把握したうえで、その委託制度がどの基本形であるのかを確定する必要があります。

　まずは、委託制度における基本形を確認します。

■ 自治体の事務執行のしくみ

　自治体の事務（しごと）は、以下のしくみで行われています。

> ①　事務（権利義務）の主体—自治体
> ②　権限の主体—長や教育委員会などの執行機関又は企業管理者（以下「執行機関等」）

> ③　処理の主体—職員

自治体の事務を、執行機関等の権限において、職員が処理しているのです。

❸ 民間団体の事業実施のしくみ

自治体から委託を受ける民間団体（会社など）は、以下のしくみで事業を行っています。

> ①　事務（権利義務）の主体—団体
> ②　権限の主体—代表者
> ③　処理の主体—従業員

団体の事業を、代表者の権限において、従業員が処理しています。基本的には自治体と構造は同じです。

❹ 委託制度における三つの基本形

自治体から事務を委託される（任される）民間団体は、「自治体」、「執行機関等」、「職員」の三者のうちのだれかの法的立場（役割）を譲り受ける（自治体が委ねる）ことになります。

論理的には三者それぞれに、「立場を譲る」、「立場を譲らない」の二択があり得るので、論理的には「2 × 2 × 2 ＝ 8」のとおりの委託の組み合わせがあることになります。

しかし、自治体の地位が委譲されれば、当然、執行機関等と職員の地位も、それぞれ、民間団体の代表者と従業員に委譲されなければなりません。長や職員が民間団体に属して事務にあたることはあり得ないからです。

同じように、執行機関等の地位が委譲されれば、職員の地位も従業員に委譲されることになります。

よって、自治体事務の委託は、法的に見れば当該事務の実施における受託者の法的地位によって、以下の三つのパターンに分けられます。

> A　自治体そのものの立場を委ねる場合
> 　　……事務（権利義務関係）の委譲
> B　執行機関等の立場を委ねる場合

```
　　……権限の委任
C　職員の立場を委ねるにすぎない場合
　　……事実上の委託
```

受託団体の法的な地位は、〔自治体の事務執行のしくみ〕に対し、該当する委託類型（A、B、C）に従って、〔民間団体の事業実施のしくみ〕をあてはめることによって明らかになります。

（1）A：その委託制度が事務の委譲である場合

```
〔自治体→受託団体〕
①　事務（権利義務）の主体＝自治体→受託団体
②　権限の主体＝執行機関等→代表者
③　処理の主体＝職員→従業員
```

委託する事務（しごと）そのものが、自治体の手から離れ、受託団体のものとなります。住民が事務の対価として支払う使用料や手数料などは受託団体の収入となります。

（2）B：その委託制度が権限の委任である場合

```
〔執行機関等→受託団体の代表者〕
①　事務（権利義務）の主体＝自治体（のまま）
②　権限の主体＝執行機関等→代表者
③　処理の主体＝職員→従業員
```

事務（しごと）自体は、自治体が保有したままです。受託団体の代表者が、自治体の執行機関等の代わりに、事務を執行する権限を持ちます。受託団体は自治体の機関の立場を持つにすぎず、権利義務の主体ではないため、使用料などは自治体に帰属します。

（3）C：その委託制度が事実上の委託である場合

> 〔職員→受託者（指定管理者）〕
> ①　事務（権利義務）の主体＝自治体（のまま）
> ②　権限の主体＝執行機関等（のまま）
> ③　処理の主体＝職員→従業員

　事務（しごと）は自治体が持ったままであり、また、権限も執行機関等が行使します。自治体職員に代わって受託団体の従業員が事務処理にあたります。

5　各委託制度の基本形の確認

　では、自治法における各委託制度の基本形を確認してみましょう。自治体の事務を委託した場合の効果は、すべて上記の「A：事務の委譲」、「B：権限の委任」、「C：事実上の委託」のいずれかになります。

　各委託制度がどの類型にあてはまるかについては、以下のとおりです。
・条文で委託の効果が明確かつ具体的に示されている場合
・制度の趣旨や類似の制度又は条文の表現から導かれる場合

（1）指定管理者制度

> 地方自治法（一部略）
> （公の施設の設置、管理及び廃止）
> 第244条の2
> 3　普通地方公共団体は、公の施設の設置の目的を効果的に達成するため必要があると認めるときは、条例の定めるところにより、法人その他の団体であつて当該普通地方公共団体が指定するもの（以下本条及び第244条の4において「指定管理者」という。）に、当該公の施設の管理を行わせることができる。
> 8　普通地方公共団体は、適当と認めるときは、指定管理者にその管理する公の施設の利用に係る料金（次項において「利用料金」という。）を当該指定管理者の収入として収受させることができる。

　指定管理者制度は、Bパターンの「権限の委任」です。その理由としては、以下の二つが挙げられます。

> ①　指定管理者には施設の使用許可権限があること（自治法244条の2
> 　第3項）
> 　　Cの事実上の委託であれば、使用許可権限は、指定管理者ではなく、
> 執行機関等にあるはずです。
> ②　指定管理者制度に利用料金制度が設けられていること（同条8項）
> 　　仮に、指定管理者制度がAの事務の委譲であるのならば、使用料は指
> 　定管理者のものとなるため、利用料金制度を創設する必要はないはずです。

　指定管理者は、公の施設の管理において、自治体の機関（権限の主体）の地位に立つのです。

　したがって、いわゆる「自主事業（イベント、物販など）」の実施による収入は、それが指定管理者の発意によるものであっても、また、その実施費用を指定管理者が負担（委託料の算定基礎にされていないなど）するものであっても、指定管理者としての地位において行う限り、自治体に帰属する（公金である）ことになります。

（2）事務の代行制度

地方自治法（一部略）
　（事務の代替執行）
第252条の16の2　普通地方公共団体は、他の普通地方公共団体の求め
　　に応じて、協議により規約を定め、当該他の普通地方公共団体の事務の一
　　部を、当該他の普通地方公共団体又は当該他の普通地方公共団体の長若し
　　くは同種の委員会若しくは委員の名において管理し及び執行すること（以
　　下この条及び次条において「事務の代替執行」という。）ができる。
　（代替執行事務の管理及び執行の効力）
第252条の16の4　第252条の16の2の規定により普通地方公共団
　　体が他の普通地方公共団体又は他の普通地方公共団体の長若しくは同種の
　　委員会若しくは委員の名において管理し及び執行した事務の管理及び執行
　　は、当該他の普通地方公共団体の長又は同種の委員会若しくは委員が管理
　　し及び執行したものとしての効力を有する。

　代替執行は、委託しても事務の主体も権限の主体も移動しないことが明記されています。

　委託の3パターンの中の「C：事実上の委託」です。「当該他の普通地方公共団体」とは、受託した自治体ではなく委託した自治体を指します。

　ただし、法的な事務も含めた実際の事務執行上の判断を、権限の委任を伴わずに受託自治体が行う点、具体的には、受託自治体の機関が判断を行うにもかかわらず委託自治体の機関の名を使い、実際の権限行使の主体と対外的に表示される責任者の名が分離している点において、委託契約に基づく事実上の委託とは異なります。

　委託契約による事実上の委託においては、決定権（法的権限）は委託できません。仮に（それはおかしなことですが）、受託団体に判断を行わせているとしても、対外的には、あくまで委託者である自治体が行っている（受託者には行わせていない）という説明や建前の確保がなされなければなりません。

　ところが、この事務の代替執行制度は、「権限を渡さずに判断をさせる（実質的に権限を行使させる）」ことを制度化したものです。委託や権限委任をはじめとした、行政組織の原則的な考え方では、説明がつきにくい特殊な「制度」です。例えるならば、「法的な二人羽織」とでもいえるでしょうか。

　実務上は、「○○町長（代替執行者××市長）」のように受託団体を示している例が多く、受託自治体の執行機関が委託自治体の執行機関の権限を代理している制度として認識され、機能しているようです。

（3）事務の委託制度

> 地方自治法（一部略）
> 　（事務の委託）
> 第252条の14　普通地方公共団体は、協議により規約を定め、普通地方公共団体の事務の一部を、他の普通地方公共団体に委託して、当該他の普通地方公共団体の長又は同種の委員会若しくは委員をして管理し及び執行させることができる。

　事務や権限の移動について明確な規定はありません。しかし、行政実例などからは、事務の主体が委託先（受託自治体）となり、もはや、委託した団体の事務ではなくなるとされています。

　委託の3パターンの中の「A：事務の委譲」です。

6 本当の「法的な理解」とは

　委託の原則を踏まえた法制度の理解のように、政策論でもない、また、個別具体の法律や条例そのものを対象とした理解でもない「理解」の必要性を認識させること、さらには、それ以前の課題として、このような「理解」の存在自体を認識させるのはとても難しいことです。

　しかし、この「理解」をめぐる議論こそが、本当の法律論（法的な議論）なのです。

第20章 法的な（ものの）考え方

　第1部入門編でも取り上げた「法的な考え方」を、本書の最後にも置いておきます。

　自治体職員として、法律や条例を正しく理解（解釈）して、住民一人ひとりの権利と義務を正しく実現し、平等な地域社会を形成するためには、法的な考え方を通して、人やものや条文に向き合うことが大切だからです。

■ 人に対する予断を持たない〜児童虐待〜

　生涯学習センターで、児童福祉の権威であるＡ教授の講演会が行われています。Ａ教授が、研究者特有の説得力のある強い口調で確信を持って語ります。

　「子どものころ、親から虐待を受けた経験がある人は、自分が親になったら、自分の子どもにも、同じように虐待をしてしまう傾向があります。このような虐待経験者における必然的な行動様式は、『虐待の連鎖』と呼ばれています。」

　赤ちゃんを抱いた母親が質問します。「この子は私にとって、かけがえのない存在です。とても大切にしています。でも、私は子どものころ、母親にずっと虐待されて育ちました。ということは、先生のお考えでは、私は、いつかこの子を虐待してしまうのでしょうか。私には、自分がこの子を虐待するなんて想像もつかないのです。」

　もし、ここでＡ教授が、「今のあなたには、まだ、自覚がないだろうが、そのうち……」などと回答したら、Ａ教授は、専門家としても、また、人としてもすでに終焉を迎えていることになるでしょう。それは、思いやりがなく残酷に真実を告げているからではありません。何の根拠もないことを言って、この母親の不安を煽っているからです。

　「ある経験を持っている人は確実にこういうことをするはずだ」という考え方は、その人が、これから自分の努力で切り開いていこうとしている将来に対する否定、言い換えれば、その人そのものの社会における存在の否定を意味します。

　過去における特定の人たちの行動を通して、その人が同じことをするという予断を持つことは、その人の将来をなくさせることになるのです。

　人には、そうならないこと、ならないという意思を持つこと、そして、ならない人として扱われる権利があります。彼女の将来における彼女のありようは、

彼女の意思と行動が「これから」決めることなのです。

　ですから、仮に、過去において虐待を受けたすべての人が、自分の子どもにも虐待を行ったことが実証されたとしても（Ａ教授はその実証すら持たずに、「虐待の連鎖」を語っていると思われますが）、彼女が虐待を行うかどうかはだれも予測できませんし、予測すべきことではないのです。

　そのように人を評価するのが「法的な（ものの）考え方」です。人を人として認めるというのは、そういうことです。「未来を自分の判断で決めることができる存在」というのが、法的な意味での「人」の定義（の一つ）であるはずなのです。

　「虐待の連鎖」に限らず、社会学的な観点からの人の行動の予測は、それが特定の個人についてのものである限り、すべからく虚構です。何の根拠もないし、何の事柄にも奉仕しません。口にする価値もありません。

　子どものころ虐待された経験を持つ人の中には、そのつらく悲しい経験を乗り越えて、さらにはその経験を糧に「自分の子どもには自分のような経験は絶対させない」という気持ちで、子どもと向き合っている人がたくさんいるはずです。

　彼女もそうなのかもしれません。そうであるはずです。そうであると社会からみなされる権利が彼女にはあるのです。「虐待の連鎖」が、Ａ教授が述べるように、社会における事実であったとしても、法的には、つまり一人ひとりの人にとっては、事実ではないのです。

　Ａ教授は、政策的には児童虐待の権威です。しかし、法的には、児童虐待について「何も分かっていない」のです。

　だから、みんなで、Ａ教授の見解よりも、このお母さんの意思を信じましょう。

② 言葉で人を分けない〜マタニティ・ハラスメント〜

　育児休業中のＸさんが、赤ちゃんを連れて職場にやってきました。みんなが、しごとの手を止めて、Ｘさんを囲みます。赤ちゃんの顔をのぞき込んだり、Ｘさんにねぎらいの言葉をかけたりしています。

　この職場はとても忙しく、みんな年間100時間以上、時間外勤務をしています。そのこともあって、Ｘさんが育児休業を申請したときには、課長が思いやりのない言葉や否定的な態度をＸさんに示してしまいました。マタハラの問題として人事課も介入し、職場のみんなも課長を非難し、Ｘさんに味方した経緯があります。

　やや遠くから、Xさんを囲むその光景を見ている一人の女性職員がいます。彼女には、子どもがおらず、5年もの間、ずっと不妊治療を続けています。

　彼女は、自分が一番欲しいものを、見る必要もないのに目の前で見せられて、周りがそれに祝福している「その」時間を、どのような気持ちでやり過ごしているのでしょうか。そのことを考える人は、この職場にはだれもいません。

　そして、彼女はXさんが担当していたしごとのために、今日も残業をするのです。

　妊娠・出産としごとを両立しようとする職員は、それを阻んだり、批判したりする人に対して、それが、「マタニティ・ハラスメント」であることを主張できます。

　しかし、不妊に悩む職員は「私の気持ちも考えて、行動してほしい」とは、到底言いにくい状況にあります。職場に赤ちゃんを連れてくることは、現在の定義において、「マタハラ（あるいは何らかのハラスメント）」に該当しないからです。それがいけない行為であるという社会的な評価づけが済んだことを表す「言葉（「マタハラ」のような）」が存在しないからです。

　もし、不妊に悩む人が、自分の気持ちを訴えようとしたら、初めから自分の言葉でその正当性を起こし出して（言葉や文章でいえば、書き起こして）主張しなければなりません。とても困難な作業です。おおよそ味方は存在しないでしょう。

　一方で、産休や育休に対する無理解のような既存のマタハラの被害にあった人は、「それは、マタハラです」、「マタハラは止めてください」の一言で目的を達成するためのきっかけをつかむことができます。自分の利益を主張するための使いやすい道具としての言葉が用意されているのです。

　社会には「言葉の理解」はあっても、「法的な理解」が足りないのです。

　「マタハラ」のように、一つの言葉ができると、それに当てはまるかどうかだけが課題とされます。でも、ハラスメントの定義など、どうでもよいはずです。「正当な理由もなく、人を傷つける行為なのかどうか」が本当の問題なのですから。

　言葉（ハラスメント）があって、中身（人を傷つける行為・不快にする行為）があるのではありません。中身があって、その中身について共通の認識が成立し、そのうえで、それを表す言葉・定義がないと不便なので手段や方法として言葉が生み出されたのです。ハラスメントを防止するために必要なのは、その中身についての理解であり、言葉や定義についての理解ではないはずです。

　それにもかかわらず、ハラスメントに限らず、言葉が生まれると、その言葉

だけが社会の関心を集めます。そして、問題がハラスメントであるかどうか、定義に当てはまるかどうかにすり替わります。

　最終的には、ハラスメントが、一般の人にとって、それに該当すると指弾を浴びるという、理解を伴わない一種の恐怖感を持った言葉になってしまうのです。言葉による、課題についての本質と一般性の喪失、そして、主体性のはく奪が行われるのです。専門家や活動家しかそのことを語る資格がないという「おかしな」状況が生まれるのです。

　社会の中で自然に発生した言葉ではなく、「ハラスメント」のように、意図して作られた一つの言葉（造語）は、一人の人を救い、同時に、別の一人の人をその言葉ができる前よりも傷つけることにもなり得ます。というより、構造的に必ずそうなると言い切ってもかまわないと思います。

　なぜなら、そのだれかを救おうとした言葉に当てはまる人とそうでない人とを「意図して」分けてしまうからです。その言葉の製造過程においては、「そのことだけ、その人のことだけ」を考えているからです。

　そうでない人が救うべきでない、救われなくてもよい人であるということではないはずなのに。

　一方で、「育休を取得する職員に理解を示さないのと同じくらい、不妊について配慮のない言動をする職員は人を傷つけているのではないですか」という問いかけをするのが法的な考え方です。言葉の問題ではなく。

　いつも「そのことやその人のことだけを考える」のではなく、「あのことやあの人のことも考える」のが法的な考え方なのです。

③ 平等とは何かを考える〜貧困と格差〜

　保育料や給食費などの無償化が推進されています。対象は、すべての世帯です。しかし、所得制限のない施策は、法的に見れば、凸と凹それぞれの上に同じものを積み重ねるだけで、平等の形成には奉仕しません。

　恵まれている人も含めたすべての人を対象にできる見込みが立たないと、困っている人たちが必要としている事業が実施されない現状があるとしたら、それは、特に子どもの貧困問題の解決にとって、大きな障害となります。

　大好きなチョコレートを1枚もらったけれど、自分以外のクラスのみんなはチョコレートを2枚持っている状態は、自分を含めてクラスのだれもチョコレートをもらえないことよりも、その子どもにとっては辛いはずです。私たち大人とは違って、子どもにはプライドがあるのです。

チョコを持っていない子どもについて解消されなければならない課題は、「チョコレートが1枚もない」ことではなく、むしろ、周りの子どもとの「枚数の差」なのです。「1枚でももらえればうれしいはずだ」「ないよりましだろう」は、人を人として評価していないことに由来する考え方です。

「チョコを持っていない子どもにチョコレートを！」という美名のもとに、格差の問題を最低保証の問題に、さらには、全体的な福祉の問題にすり替えてはいけません。

チョコレートを持っていない子どもが1枚目をもらうときに合わせて、すでに持っている子どもが、2枚目、3枚目、4枚目をもらうことを、法的には「焼け太り」と呼びます。

■ 定量的に判断する〜懲戒処分〜

自治体職員は、犯罪や社会的に不適切な行為を行ったとき、また、しごとにおいてミスをしたときには、懲戒処分を受けることがあります。地方公務員法（「地公法」と略して呼ばれることもあります）には、懲戒処分についての規定が置かれています（地公法29条）。

地方公務員法（一部略）

（懲戒）

第29条　職員が次の各号のいずれかに該当する場合には、当該職員に対し、懲戒処分として戒告、減給、停職又は免職の処分をすることができる。

一　この法律若しくは第57条に規定する特例を定めた法律又はこれらに基づく条例、地方公共団体の規則若しくは地方公共団体の機関の定める規程に違反した場合

二　職務上の義務に違反し、又は職務を怠つた場合

三　全体の奉仕者たるにふさわしくない非行のあつた場合

4　職員の懲戒の手続及び効果は、法律に特別の定めがある場合を除くほか、条例で定めなければならない。

これは、懲戒処分は地公法に基づいて行われるものであることを意味しています。懲戒処分は、長がみなさんの上司として、あるいは、自治体の長として当然に持っている固有の権限に基づいて行うものではありません。

言い換えれば、この法的な要件に該当する行為を行わない限り、だれかの恣意的な判断で懲戒処分を受けることはないのです。そのことが確認的に（念押

しとして）地公法に規定されています。

地方公務員法（一部略）

（分限及び懲戒の基準）

第２７条　全て職員の分限及び懲戒については、公正でなければならない。

３　職員は、この法律で定める事由による場合でなければ、懲戒処分を受けることがない。

　地公法 29 条 1 項の各号の前の本文のような部分（「各号列記以外の部分」と呼ばれます）は懲戒処分の効果を規定しています。

　「戒告」、「減給」、「停職」、「免職」です。処分が軽い（法的な効果が少ない）順に並べられています。懲戒処分の効果（種類）は、法律で一律に決められている事柄であり、自治体ごとに処分の類型を設けることはできないのです。

　「戒告」は、注意です。この処分自体が直接的に被処分者に対して、具体的な不利益を生じさせることはありません。しかし、単なる注意ではなく文書で行われ、履歴となります。

　「注意を受けた」ことが、「あの時、課長から叱られたなあ〜。怖かったなー。いやだったな〜。でも、何をして注意されたのかもう忘れたなあ〜。課長の顔も名前も思い出せないなー」という思い出にとどまらず、その内容や処分に至る経緯まで、忘れようとしても忘れられない正式な「キャリア」の一つになってしまうのです。

　そして、戒告処分自体の効果ではありませんが、戒告処分を受ければ、当然、勤務成績が良好とは評価されないでしょう。次の昇給において、4 号給の昇給は無理だろうと考えられます。また、勤勉手当の支給割合も、当然に減ることになるはずです。

　「減給」は一定期間、一定の割合、給与（給料や各種の手当）を支給しないという直接的な法的効果を持っている懲戒処分です。

　減給の効果は、自治体ごとに条例で決めなければなりません（地公法 29 条4 項）。給与をどのくらいの割合で減額するのか、どの範囲の期間で減額するのかをあらかじめ条例で規定しておいて、任命権者が減給処分を選択する場合は、条例の範囲で懲戒処分を行うのです。

　例えば、条例で「減給の期間は 1 日以上 6 か月以下。減給の割合は 10 分の1 以下」と定められ、任命権者がその範囲の中で「減給 10 分の 1、3 か月」という懲戒処分を選択することになります。

　処分を受ける前と同じようにしごとをしても、処分を受ける前よりも、処分の期間中は、給与が減らされてしまうのです。でも、減給の期間が過ぎたら、給与は元に戻ります。

　「停職」は、一定期間、職に就かせない（しごとをさせない）処分です。停職の期間も条例で定めます（地公法 29 条 4 項）。「停職 3 か月」のように発令されます。当然、その間の給与は支給されません。とても厳しいですね。

　減給処分や停職処分を受けた場合も、やはり、昇給や期末手当にも影響します。相対的に処分が重いので、戒告よりも深刻なものになると考えられます。

　「免職」は、職員の身分を奪う処分です。解雇にあたります。厳しいとか厳しくないとかいう評価を超えた過酷な処分ですね。

　ちなみに、減給は地方公務員法における懲戒処分の制度的な重さとしては、停職や免職よりも軽いものですが、ある意味では最も重い処分だとも思われます。

　給与の支給という観点から考えると、戒告は注意だけなので給与は支払う、停職は休ませるので一切支払わない、免職は解雇なのでそこで労働関係は終わりです。それぞれ給与の支給において、つじつまは合っています。

　しかし、減給は「働いたのにそれに見合う給与を支給しない」という矛盾をはらんでいる処分です。法的な観点からは、他の懲戒処分とは異質な制裁的効果（権利の制限）を持っているといえます。法的にみれば、「それ（悪いことをした）と、これ（きちんと働いた）とは別ではないか」とも考えられます。

　懲戒処分はそれぞれで処分として法的な効果が大きく違うにもかかわらず、懲戒処分の要件は、戒告、減給、停職、免職のどの場合も同じになっています（地公法 29 条）。

　これは、懲戒処分というものが、職員が行った地公法 29 条 1 項各号にあてはまる行為の重さ（非違性、悪質性の度合い）に従って、任命権者によって選択されることを意味します。

　法的な判断においては、要件の違いによる判断（定性的な判断）ではなく、重さの違いによる判断（定量的な判断）が求められることも多いのです。そこでは、条文の規定だけではなく、過去の同様の事例との整合性が大きく求められます。

5 法的に理解する〜指示や会話の中で〜

　何かを説明したり、指示したりしたときに、何を言っても 1 回で「分かりました」と言う人がいます。その人は日常的にどんなことでも聞けば、あるいは

読めば、一度で「分かる」のです。

　ときどき「本当に分かったの（分かっているの）？」と尋ねると、やはり「分かりました。」と答えます。強がって、うそを言っているわけでもない様子です。確かに自覚としては、分かっていることは間違いなさそうです。

　おそらく、その人は人の話を聞いたり、本を読んだりしたときに、「問い」を立てることができない（しない）のでしょう。

　課題に対して、それを「自分のこと」として真摯に検討しようとすれば、自ずと、「この場合はどうなるのだろう」と指示や説明に対して、「分からないところ」が見つかるはずです。

　というよりも、「分からないところ」を見つけようとするはずです。

　実際に、「1回で分かる」人に限って、自分個人の利害に密接に結びつく事柄になると、とことんむきになって細部を問いただし始めます。顔と身長体重以外は、さっきの「（1回で）分かりました」とは同一人物ではなさそうです。

　やはり本当は「分かっていない」のではなく、「そのことには、関心がない（他人事だと認識している。真剣に取り組もうという気がない）」のでしょう。

　さらには、すぐに一度で分かってしまう人は「分かる自分が欲しい人」の場合もあります。質問の内容を自分が理解できるものに変えてしまうという心の癖を持っています。

　「ぼくは（私は）分かるぼく（私）なのだ」という自己肯定感のありかをいつも探しているのでしょう。原因は、心の中にある身の丈に合わない自負の塊です。

　職場における課題解決のための議論を、相手を言い負かしたり、自分の意見を披瀝したりする「ゲーム」（それは決して「議論」とは呼べません）に変えてしまいます。「自分は自分がそうだと思っている（そうでありたいと思っている）自分であることを確認するゲーム」です。

　そのゲームに夢中になっている間は、分からないことが許せなくなります。「（1回で）分かった」ことにしたいのです。

　一方で、質問をかみ砕いて（よい意味で深読みして、そこから派生させて）、自分が答えを持っていない問いを、あえて立てるという心の習慣を持っている人もいます。

　そして、その問いの答えを探して勉強します。人に尋ねます。結果、知識や考え方の幅が拡がります。その理由は、人から聞いたことを自分の理解や言葉にして、それを社会の役に立てようという「法的な心」を持っているからです。

そこが、「分かる人」との違いなのでしょう。

　そもそも、「分かったような気がする。でも、この私がすぐに分かってしまうような事柄だったら、だれもこのことで苦労はしていないはずだ。本当はもっと別の深い意味があるのではないだろうか。

　それが何であるかは分からないけれど」という抽象的な漠然とした疑問は持つべきだ（持つはずだ）とは思います。

　「分かる自分が欲しい人」になってしまったときの弊害を挙げます。それは、「こんなに（何でも、すぐに）理解できる私をなぜ、もっと評価しないの！」という不満をずっと持ち続けてしまうことです。

　ごはんがおいしくないと思います。

6 法的な事実を捉える〜女性活躍の場〜

　今の社会には、女性がいきいきと働くことができる場所や機会をもっと広げなければならないという問題意識が存在するようです。

　その前提となっているのが、女性の多くが、自らの能力を発揮できるしごとに就くことができていないという「事実」です。

　自治体においては、この「事実」を改善していく手段として、企画、まちづくり、地域の活性化、観光などの相対的に社会の注目を得やすい部署に女性職員を充てることが進められているように思います。

　ここでの問題意識を自分のこととして共有している女性職員も、企画や事業部門を希望する傾向があるようです。

　しかし、自治体のしごとの中で、住民生活を支えているのは、庁舎や公の施設における窓口の部署です。また、自治体組織を滞りなく機能させているのは、会計、法務、庶務などの内部管理のしごとです。

　この事実（ここにカギかっこは要りません）は、これからも変わらないし、変わるはずもないし、変えようもないと思います。だから、「3階（スタッフ・事業部門）」だけではなく、「1階（窓口部門）」も、女性の能力を活かすのにふさわしい場所なのです。

　スタッフ部門や事業部門のほうが窓口よりも、志を実現し、能力を発揮する場になじむなどというのは、事実ではなく「事実」です。つまり、何かの結論を導くための一つの見方であり、認識であり、評価にすぎません。

　どの部署にいるから活躍しているとか、そうでないとかいう考えは虚構です。今までも、今でも、どこに所属していても、女性職員は自分を活かし、住民の

ために役立っているのです。

　目立つしごとばかりしたがる女性職員が仮にいたとします。

　彼女をあるべき女性職員の象徴であるかのように扱い、大きな評価を与えるとするならば、それは、ガラスの靴をシンデレラにではなく、シンデレラの姉たちに履かせることを意味するでしょう。あるべき物語が変わってしまいます。

　本当に女性の能力を活かすことは、まず、シンデレラの姉がシンデレラに履かせるために、その靴を脱ぐことで開始されるはずです。サイズの合わない足がガラスの靴を壊してしまう前に。

⑦　法的な価値を見極める〜個性を活かす〜

　「その人の個性を生かす」、「自分のやりたいことを見つける」などの「人＝個性」という考え方は、疑われることなく定着しているようです。決まり文句のように「個性」の必要性のようなものが肯定的に語られます。

　しかし、場所を小学校の教室に移動して考えてみましょう。社会のみんなが、自分の個性に合った自分のやりたいしごとだけをしていたら、だれもやらないしごとが出てきはしないでしょうか。

　コックピットに操縦士が６人いて、キャビンアテンダントも８人乗車しているけれど、整備士さんがいなくて、10年以上、点検していない飛行機に乗るのは、スリリングです。

　人にしごとを合わせるのではなく、しごとに人を合わせなければならないはずです。

　夜間は道路工事も多く、夏の暑い中、また、冬の寒い中、通行規制のために誘導を行っている現場作業員の人たちを見かけます。

　その人たちがいなくなれば、たちどころに、社会のみんなが困ります。工事現場での誘導は、その人たちにしかできないことだとはいえないでしょう。でも、その人たちには絶対にそこにいてくれなければなりません。

　個性とかやりたいこととか、そういうことではなく、だれかがやらなければならないことを確実にやっている人こそ、社会の役に立っていると、法的には（平等でよどみのない偏見のない見方からは）考えられます。

　法的な価値とは、専門性とか独自性とかそういうものではないのです。どれだけ、社会に役に立っているかです。自分のこだわりで、長い時間をかけて作り上げた何かのマークや計画書の類は、その価値において、道路工事の現場で車を誘導する警告灯の一振りに敵わないのです。

8 法的な言葉と意味のない言葉〜縦割り行政の弊害〜

　自治体や自治体職員に向かって、攻撃的に「縦割り行政の弊害」という言葉が、使われることがあります。

　そのほとんどは、自治体行政に対する批判や不満を述べる際に、考えがまとまらないとき、あるいは、そもそも大した考えがないときに、感情的に使っているようです。

　要するに、自治体に対する不満はしっかりと持っているものの、意味ある批判をする能力のない人やボキャブラリーが不足している人の口をついて出るのが、「縦割り行政の弊害だ」なのです。

　ですから、自治体職員にとって、自分の業務に対してだれかからの批判が始まったときに、「これは縦割り行政の弊害である。なぜなら……」と、冒頭で語りだしたときは、「大したことは言わないな」、「この程度なら、なんとかごまかして切り抜けられそうだな」と、とりあえず、ほっと胸をなでおろすことになります。

　その意味では、自治体職員にとって、よい言葉であるともいえます。

　稀に多少は中身のある「縦割り行政の弊害」の場合は、「自治体行政において、各行政分野の権限や事務が分散しており、そのことが必要かつ有効な意思決定を妨げている」という趣旨です。だれか、あるいは、どこかが総体的に意思決定を行うべきであるという意味のようです。

　しかし、行政が縦割り（分野別に事務が分かれている）のには、理由があります。

　ここでいう「理由」とはいうまでもなく、住民福祉の実現を担う自治体組織のあり方についての「理由」ですから、辞書的な意味ではなく、「絶対にそう（自治体組織は縦割り）でなければならない理由」という意味です。

　その理由とは、「権限を独占しつつ善政を施した者は皆無である」という歴史的な経験則です。そこで、行政組織は分野ごとに事務を分散させるという縦割り行政のしくみが見出されたのです。

　ですから、縦割り行政自体を批判する人は、それが、仮に「自分だったら」とか「○○さんだったら」という前提において語っているとしたら、法的には「私あるいは○○さんは、すべてを任せられても、傲慢になることなく、常に住民のために、長に対して涼やかな策を上申することができる人類史上初の存在だ！」と宣言していることになります。

　そもそも、「縦割り行政の弊害」が、国語的には「基本的には縦割り行政は

正しい」を意味するのだということが、「縦割り行政の弊害」を使っている人たちは分かっているのでしょうか。

９ 民間との違い〜自治体職員（みなさん）だからできること〜

　Ｘ市立高校の大通りに面した校舎の壁に、巨大で派手な色のパネルが掲げられています。そこには、いろいろな大学の名称が、いわゆる「偏差値」に比例した大きさで書かれています。難関といわれる大学名は、「どうだ！」と言わんばかりに大きく表示されているのです。

　校長と教頭、そして進路指導の教諭は、桜吹雪の中で、並んで満足げにそのパネルを眺めています。「今年度は昨年度より、ずっとよい結果だった」という趣旨の会話を笑顔で交わしています。大きな文字が増えたからでしょう。パネルの大きさは昨年度と変わっていません。ということは、いくつかの大学名が小さくなった、あるいは、掲載されなくなったはずです。

　そこに、地元の中小企業に就職が決まったＢさんがやってきました。Ｂさんが、パネルを指さして、３人に尋ねます。「私は、３年間、この学校で一生懸命勉強してきました。でも、この学校は、私のことを有名大学に合格したＺさんのようには誇りに思ってくれないのですか？その理由は何ですか？」

　昨年まではこの高校では、パネルを３枚掲げていました。それぞれのパネルには、「国公立大学」、「私立大学」、「企業や官公庁」の名称が書かれていました。有名大学も、地元の有限会社も、同じ大きさの文字で。

　「どこに進学した生徒もどこに就職した生徒もみんなわが校の誇りです。みんな、３年間、がんばりました！」と。

　ところが、今の校長が転任してきた今年度から「学校経営のために、もっと、積極的に『実績』をＰＲすべきだ」という指示によってこうなったのです。おそらく、どこかの私学の真似をしたのでしょう。

　民間ではできない、自治体だからこそできる、自治体がやらなければだれもできない、しごとやしごとのやり方があります。それは、変えるべきではありません。もちろん、そのしごとやしごとのやり方が、いわゆる「お役所しごと」であろうはずもありません。法的なしごとのしかた、つまりは、「法務」なのです。

　昨年度までの「３枚のパネル」は、「生徒一人ひとりを大切にする」、「偏見（ここでは偏差値）によらずに、生徒を評価する」というこの学校や学校の設置者である自治体の教育方針を表していたのです。

　Bさんの問いに校長たちは何と答えたのでしょうか。

⑩　制度ではなく人〜自治体防衛軍〜

　心や体を患って長期の療養をする職員には、病気休職（分限休職。地公法28条2項）の制度があります。アスペルガーや発達障害の特性がある職員には、異動などでの配慮が行われています。

　また、彼らとは、その存在の経緯や意味が全く違いますが、職員として必要な能力に欠ける職員、努力を惜しむ習慣がある職員、さらには、主観的な不満やわがままを、正当な手続きにのせて主張する職員に対しても、一定の対応がなされています。

　でも、このような組織の管理や人材の活用に必要な制度や措置が根づいたとしても、休職者や要配慮者が担当しているしごとがなくなるわけではありません。だれかが、彼らのしごとを彼らに代わってしなければならないことは、だれも否定できない事実です。

　能力や心身や性格や人格の状況にかかわらず、それぞれの職員が一定の役割を果たし、機能できるのは、休んだ人やできない人やしない人や余計なことをする人に代わってしごとをしている職員の成果です。

　代わってしごとをしている人たちを地球防衛軍になぞらえて「自治体防衛軍」と呼ぶことにしましょう。彼らがいないと自治体は一日たりとも存在し得ないからです。

　彼らは、昇任や自己実現のために働いているのではありません。そこにやらなければならないことが残っているから、それに向き合っているのです。それが彼らのプライドです。彼らを育てた人たちに、ぜひ、会ってみたいものです。

　どんなことでも、現状を支えているのは、制度ではありません。人なのです。

〈著者紹介〉

○森　幸二（もり　こうじ）

　1963年生まれ。北九州市職員。政策法務、地方分権、公平審査、議員立法・議会政策を担当。法務研修、定期講座、研究会を実施している「自治体法務ネットワーク」代表。

　著書に、「自治体法務の基礎と実践」、「自治体法務の基礎から学ぶ指定管理者制度の実務」、「自治体法務の基礎から学ぶ財産管理の実務」（以上、ぎょうせい）、「1万人が愛したはじめての自治体法務テキスト」（第一法規）、「森幸二の自治体法務研修」（公職研）

自治体法務の基礎と実践　改訂版
〜法に明るい職員をめざして〜

令和6年3月30日　第1刷発行
令和6年10月10日　第2刷発行

著　者　森　幸二

発　行　株式会社 ぎょうせい

〒136-8575　東京都江東区新木場1-18-11
URL：https://gyosei.jp

フリーコール　0120-953-431

ぎょうせい　お問い合わせ　検索　https://gyosei.jp/inquiry/

〈検印省略〉

印刷　ぎょうせいデジタル株式会社　　　　　　　　　©2024　Printed in Japan
※乱丁・落丁本はお取り替えいたします。
ISBN978-4-324-11362-2
(5108920-00-000)
〔略号：法務実践（改訂）〕